Constantinus Africanus Und Seine Arabischen Quellen

Moritz Steinschneider

Constantinus Africanus und seine arabischen Quellen.

Von M. Steinschneider.

(Separatabdruck aus Virchow's Archiv für pathologische Anatomie und Physiologie
und für klinische Medicin. Siebenunddreissigster Band.)

Die nachfolgenden Untersuchungen bildeten ursprünglich einen
Paragraphen einer, demnächst folgenden Abhandlung: „Donnolo,
pharmakologische Fragmente aus dem X. Jahrhundert, nebst Beiträgen zur Literatur der Salernitaner." Aeussere, und zum
Theil innere Gründe haben den Verfasser veranlasst, die Muste-
rung der Schriften Constantins als einen selbstständigen Excurs
voraufzuschicken, und die allgemeineren Resultate, so wie die specielle Beziehung zu den an die salernitanische Schule sich knü-
pfenden Fragen, jener Abhandlung selbst vorzubehalten. Es mögen
daher die, mitunter sehr ins Einzelne gehenden Nachforschungen
zunächst als eine kritische Vorarbeit betrachtet werden, deren
Nothwendigkeit sich aus ihr selbst ergeben muss.

Für diejenigen, welche den historischen Forschungen der neue-
sten Zeit ferner stehen [1]), dürfte es nicht überflüssig sein zu be-
merken, dass Constantin, wie verschieden auch die Urtheile über
seine Verdienste sein mögen, doch jedenfalls, als der älteste,
dem Namen nach bekannte lateinische Uebersetzer aus dem
Arabischen [2]), als Vorbereiter, wenn auch nicht Begründer, der
arabistischen Schule, eine gewisse historische Bedeutung bean-
spruchen darf. Puccinotti (p. 317) empfiehlt Constantin wegen
seiner Arbeiten über Galen als den würdigsten Gegenstand wis-
senschaftlicher Studien, er wünscht, dass man Handschriften auf-

---

[1]) Selbstständiger und ausführlicher handeln über Const.: Renzi, *Collectio
Salernit.* I, 165, IV, 580 (HSS. der Bourbon. Biblioth. in Neapel), E. Meyer
(Gesch. d. Botanik, III, 471) und Puccinotti (*Storia II*, 292 *ff.*), letzterer
jedoch mit weniger Glück, wie sich zeigen wird. — Ich bezeichne Renzi
durch *R.*

[2]) *Jourdaïn, Recherches p. 95 ed. II* (deutsch v. Stahr S. 101). Ueber ver-
meintlich ältere Uebersetzer s. Zeitschr. f. Mathematik XI, 236. Zu den
ältesten Uebersetzungen scheint die Einleitung des Honein (*Johannitus*) zu
gehören, s. unter Donnolo § 5.

und untersuche; es wird sich zeigen, dass selbst die gedruckten
noch der näheren Betrachtung bedürfen. Daremberg (Notices etc.
1853 p. 86) sieht in Constantin den Wiederhersteller der medicinischen Wissenschaften im Occident, und wünscht, dass einst
ein Gelehrtencongress aus allen Ecken Europa's ihm eine Stand-
säule im Golf von Salerno oder am Gipfel von Monte Cassino
errichte. Wenn aber dem Vermittler der arabischen Wissenschaft
Gerechtigkeit werden soll, so wird es wohl auch angemessen sein,
genau zu wissen, was ihm und seinen Quellen angehöre und welche diese Quellen seien.

Die Schriften Constantins sind bekanntlich von seinen alten
Biographen, Petrus Diaconus und Leo Ostiensis, verzeichnet worden. Warum Renzi (I, 67) die jüngere Quelle wiedergiebt, weiss
ich nicht; Puccinotti (I, 304) vergleicht beide; aber selbst unrichtig abtheilend, beschuldigt er Leo einer Confusion. Bei der
Vergleichung dieser alten Berichte mit den edirten Schriften
(*Fabricius, Bibl. Gr. XIII,* 123 ff., Grässe, Literärgeschichte II,
568, Choulant, Bücherk. S. 253) hat man (wie z. B. Henschel im
Janus I, 352 = R. III, 62) vorzugsweise, wenn nicht ausschliess-
lich, die anerkannt schlechte Ausgabe der *Opera* in 2 Bden., Basel
1536, 1539, ins Auge gefasst, die in der Regel bessere einer
Anzahl derselben hinter den *Opp. Isaaci* (fol. *Lugduni* 1515) in
einer auffallenden Weise vernachlässigt, wie namentlich das dort
allein gedruckte *de virt. simpl. medic.*[3]). Drei Schriften sind nur
hinter Albucasis (1541) abgedruckt. Handschriften sind noch
wenig untersucht, Puccinotti erkennt nicht einzelne Theile von gedruckten Werken als solche, und baut darauf Schlüsse, denen die
Grundlage fehlt. Weit entfernt von der Absicht einer erschöpfen-
den Bibliographie, sollen die nachfolgenden Beiträge, nebst der
Nachweisung hebräischer Uebersetzungen, Einzelnes rectificiren
und ergänzen, namentlich die Autorität der Quellen besprechen

[3]) Diess Buch ist freilich so selten, dass es selbst der Berliner k. Bibliothek
fehlt; ich benutze erst seit einiger Zeit mit Musse das Exemplar der k.
Münchener Bibliothek. In Oxford hatte ich zu wenig Zeit für eine genauere
Vergleichung. Die „wiederholte" Ausg. Lugd. 1525, bei Choulant S. 349,
Meyer S. 170, existirt nicht; die Ausg. 1515 selbst ist in der Offic. des
Jo. de Platea gedruckt. Die Ausgabe 1510 des Viaticum kenne ich nicht;
bei Fabricius XIII, 46 ist „*lib. divisionum*" eine Confusion.

und auf Materialien zu weiteren Untersuchungen hinweisen. Dennoch ist es für eine leichte Orientirung angemessen, eine übersichtliche Tabelle voraufzuschicken, welche die Resultate der bisherigen Untersuchungen enthält, und dann der Reihe nach entweder auf die betreffenden Forschungen zu verweisen, oder die, wie ich glaube, neuen zu begründen.

Opera Isaaci	Opera Constant.	Petr. Diaconus
1. Isaac de definit.		
2. — — Elementis f. 4		
3. — Diaet. univers. f. 11		
4. — — partic. f. 103		Diaeta ciborum (oder n. 7?)
5. — de Urin. f. 156		
6. — — Febr. f. 203		
7. — [Ali ben Abbas] Pantechni theor. libri X. T. II f. 1	De communibus medico cognitu necessar. locis T. II f. p. 1	libri XII.
8. — pract. libri X. f. 58		- -
9. Constantin de gradibus (alphab.) f. 78	— I. p. 342	lib. XII graduum
10. Isaac [Ahmed] Viaticum f. 144	De morborum cognitione etc. I p. 1.	
11. Const. [Pseudo-Galen?] de oculis f. 172		de medicam. oculor.
12. — de stomacho f. 178	de stom. affection. „liber vere aureus" I, 215	
13. — — virtut. simpl. med. f. 187		
14. — Compend. Megatechni Galen f. 189		
15. — De oblivione f. 209		
	16. De remedior. aegrit. cognit. lib. aureus [Joh. Afflatii?] I, 186	
	17. de urinis p. 208	
	18. [Hippocrat?] de victus ratione varior. morb. p. 275	
	19. de melancholia p. 280	
	20. de coitu p. 299	
	21. [Costa] de animae et spir. discrimine p. 308	
	22. [Pseudo-Galen] de incantat. p. 317	
	23. [—] de mulier. morbis s. de matrice p. 321	Gynaecia
	24. Chirurgia [Theil von 8!]	—

hinter Abulcasim	Petr. Diaconus
25. [Pseudo-Galen] de bu- mana natura p. 313	
26. de Elephantiasi p. 322	
27. [Sextus Placitus Papi- riensis] de animalibus	
	28. de interioribus membris.
	29. Exponens Aphorism. [Hippocr.]
	30. Tegni [Galen]
	31. Microtegni [—]
	32. Antidotarium
	33. Disput. Platonis et Hippocr.
	34. De pulsibus
	35. Prognostica [Hippocr.]
	36. De experimentis [Galen?]
	37. Glossae herbarum.

1. u. 2. *Definit.* In einigen HS. wird die Uebersetzung dieses fragmentarischen philosophischen Schriftchens dem Gerard von Cremona beigelegt (s. Zeitschr. f. Mathematik X, 477 Anm. 38). Letzterer soll auch N. 2 übersetzt haben (Boncompagni p. 6).

3. 4. Das Original von 3 u. 4 befindet sich in München, und wäre zu untersuchen, ob die Citate Ibn Beithars, welche Meyer (S. 171) in der latein. Uebersetzung vermisst, sich daselbst finden, eben so, wie es sich mit den Citaten im Buche selbst verhalte, die bei *Fabricius XIII,* 303 aus den schlechten jüngeren Ausgaben notirt sind. — Die hebr. Uebersetzung, die ich niemals selbst gesehen, stammt aus der lateinischen (*Catal. libror. hebr. in Bibl. Bodl. p.* 1119, *Catal. Lugd. p.* 160); es ist wohl die des Anon. Par. [3a]) n. 11 (*Mesaadim*), und die Angabe „aus dem Arabischen" unter Cod. Par. 1128,[1] sehr zu bezweifeln.

5. *Urin.* Eine hebr. Uebersetzung nennt ausdrücklich „Contasti." Diese und ähnliche Namensentstellung findet sich auch in den Collectaneen der HS. Oppenh. 1135 fol. Bl. 69b ff., aus salernitanischen und arabischen Autoritäten. Aus dem neuen Pariser

[3a]) Ich bezeichne mit „Anon. Par." einen um 1197—9 lebenden Juden, welcher über 20 Schriften aus dem Lateinischen übersetzt hat; Näheres unter Donnolo § 5.

Catalog wird man nicht klug: 1125 soll aus dem Arabischen, 1132 aus Constantin übersetzt sein, unter 1186,[2] wird auf 1125 verwiesen, der Index trennt letztere. Eine Uebersetzung aus dem Arabischen enthält Cod. Münch. 123, und habe ich anderswo (Hebr. Bibliogr. 1865 S. 98) hervorgehoben, dass die „hübsche Erzählung" von dem jungen Fieberkranken, welche Constantin (f. 186, Part. VII) aus Galens *ad Glaukonem* citirt, von Isaak als eigene Cur eines *Ruh ben Abi Ruh el-Jemeni* vorgebracht werde! Gelegentlich mag folgende Berichtigung zu meinem Catalog unter Isak (p. 1121) Platz finden. Die arab. HS. der Bodleiana, welche ein Compendium des Isak enthalten soll, endet zwar wie jene hebr. Uebersetzung oder das derselben angehängte Resumé; aber in dem mitgetheilten Anfang ist nach dem hebr. Cod. Paris 1220,[2] das Wort *dixit* zu suppliren, und es ergiebt sich, dass das Buch von *Magnis*[4]), arabisch übersetzt von Abu Othman Said ben Jakub dem Damascener (X. Jahrb., s. die Nachweisungen in der Zeitschr. für Mathematik u. s. w. X, 489), noch in zwei Exemplaren erhalten ist. Leider weiss ich zu wenig davon, um auf den Ursprung näher einzugehen, namentlich ob auch diese arabische Uebersetzung theilweise mit dem, unter Galens Namen bekannten Buche über den Urin übereinstimme (Bussemaker im *Janus II,* 473; vgl. Daremberg, *Notices* J. 55, 161 u. 119, über Theophilus, auf welchen ich unter Donnolo § 6 zurückkomme).

---

*) Ueber die griechischen Aerzte Namens Magnus s. Haeser, Gesch. S. 134, 137 u. 900; vgl. Roeper, *Lectiones Abulpharag.* (Danzig 1844) S. 24 und 32, zu dessen Berichtigung ich hier die beiden Artikel aus el-Kifti (HS. Berlin f. 129[b], München f. 122) wörtlich wiedergebe:

a) مغنس, „ein Arzt, aus Hims (Emessa), einer der Schüler des Hippocrates und aus dessen Gegend. Er wird in der Zeit desselben (?) erwähnt, war älter als Galen und verfasste Schriften, worunter über den Urin in einem Tractat." — Hier wird Magnus aus Ephesus mit M. aus Emessa confundirt.

b) ماغنس, „Arzt aus Alexandrien, dessen Zeit nach der des Johannes Grammaticus [Philoponus], zu Anfang des Islam, er wird von den Leuten dieser Kunst [den Aerzten] erwähnt; ich sah aber kein Werk von ihm. Es erwähnt ihn schon Abd [l. Obeid] Allah ben Bokht Jeschu (st. 1058)." Bei Ibn Abi Oseibia ist Magnus einer der alexandrinischen Redacteure der Schriften Galen's, worauf ich anderswo zurückkomme. — Magnus bei Ibn Serapion Tr. VII, 8 citirt Fabricius XIII, 313.

6. *de Febribus* übersetzte der Anon. Par. n. 17; der Catalog verweist auf 1126 (1127), wo „aus dem Arabischen" angegeben wird, was ich wieder sehr bezweifle. Zwei andere HSS. (*Catal.* p. 1122) sind noch nicht näher untersucht.

7, 8. *Pantechni.* Die angebliche handschr. Anatomie, welche *Pucc.* p. 345 (vgl. p. 317) aus Oribasius schöpfen lässt, ist nichts Anderes als Buch II u. III der Theorica, und zwar liest man in Opp. Const. II. p. 24 zu Anfang: *Diximus in lib. superiori,* für *alio* in Opp. Isaaci. Eben so ist die Chirurgie (unter n. 23), welche Renzi (I, 171) als ein kurzes Resumé des Paulus aus Aegina ansieht (vgl. Sprengel II, 417 unter Ali ben Abbas) ein Theil des IX. Buches der Practica; das 45 u. letzte Kap. der ersteren (*de exitu intestini*) hat in letzterer (Kap. 48) die Ueberschrift *de incisione Zirbi*, und Kap. 49 beginnt: *Diximus in praecedente libro: quare mulieres sunt steriles etc.* Sollte diess die Veranlassung zur Abtheilung gewesen sein? In der HS. Monte Cassino 200 (bei Pucc. 351, 355) werden nur 43 Kapp. gezählt, und deren Uebersetzung dem Const., die der übrigen 67 (die allein noch vorhanden) *quodam Sarraceno* beigelegt, eine Notiz, die trotz des Alters der Handschrift wenig Werth haben dürfte. Wichtiger ist es, dass die Stelle über ein Instrument, welche *R. I,* 171 (vgl. 257) aus Kap. 57 der HS. (*de apostem. in vulva*) mittheilt (vgl. Pucc. p. 319), sich in dem entsprechenden Kap. 61 (f. 123) der Pract. nicht findet, wohl aber in Kap. 57 des Ali ben Abbas! [5])

[5]) Ich setze aus den Parallelstellen die Hauptsache hieher, damit man das Verhältniss besser beurtheilen könne:

Constantinus.

.. *necesse est mulier supina (sic) et sub natibus plumam ponere; dein cruribus elevatis sursum, manus utraque (sic) suas teneat super ventrem cossis ad collum sui ipsius ligatis, tunc obstetrix a latere dextero molles factas in modum forficis cum arcu facto in modum scilicet* ◯▭ *ut vulva patens sit, quod intro possit aspici, alia mulier hoc artificium teneat ne claudatur, et*

Stephanus (Ali) p. 282 ed. 1523.

dehinc mulierem opportebit statuere in alto sedentem loco et sic super dorsum resupinetur craraque eius adunata tollantur in ventris partes reflexa et cubitus eius uterque sub poplicibus ponatur religenturque simul fortiter et ad collum ipsius, tum obstetrix a latere sedeat dextra et vulvam cum organo huic assignato rei aperiat teneatque mulier aliquod organum et vitem torquat organi quod eius disjungan-

Bekanntlich ist dasselbe Werk von Stephanus Antiochenus im J. 1127 [6]) lateinisch übersetzt worden, und zwar als *„Comple-mentum"* (richtiger *Perfectum*) oder *regalis liber (al–Maleki)* des Ali Ibn Abbas (Vorr. des Steph.). Thierfelder (Janus II, 685) hält die Autorschaft Isaks aufrecht, weil es in des Letzteren *de febr.* (f. 214 col. 1. Tr. IV. Cap. 6 *de sc. cret. diei*) heisst: *quod utrum-que explanabimus* (so! nicht ... *vimus*) *in nostro libro p a n-t e g n i*, während „ältere Aerzte jederzeit es u. d. T. Isaaci *Com-plementum* (?!) citiren", und weil mehre Citate im Namen Isak's bei Razi im Hawi sich in der Practica *lib. V* u. *VI* finden. Da-remberg (Notices p. 80) meint, dass Thierfelder *„avec beaucoup de raison"* dem Isak das Buch vindicire. Haeser (S. 233) lässt es ungewiss, ob Pantechni ein Auszug aus Ali Abbas sei, oder letzterer jenem zu Grunde liege. Meyer (S. 171, 177) lässt das Pantechni ganz unerwähnt! Als ich in meinem Catalog (p. 1123) mich gegen die Autorschaft Isak's aussprach, kannte ich Thier-felder's Gründe noch nicht. Schon Freind (p. 214 ed. 1734) be-merkte, dass das Werk dem Isak zugeschrieben und Pantechni *„sive Complementum Medicinae"* genannt werde. Es seien ganz ähnliche Stellen von Razi im Namen Isaks angeführt; *quidniau-tem Haly ab Isaaco quaedam mutuari posset, perinde ac a Razi, quod utique eum fecisse mox videbimus.* Freilich nennt Ali den Razi ausdrücklich, von Isaak ist bei ihm nicht die Rede. Ich finde aber, dass Freind's und Thierfelder's Argumente, bis auf die specielle Angabe einiger Stellen bei Letzterem, bereits in den, den

obstetrix unctis digitis oleo vio-lato etc.

tur partes quae ad matricis os de-late sunt inseparaturque matricis collum hec ut fecerit obstetrix emis-sionem apprehendat eiusque locum molliorem findat cum flebotomo acuto et saniem eüet. Quam ut emiserit licinium imponat oleo intinctum ro-sarum etc.

[6]) Die HS. in Cesena P. I Pl. 26 Cod. 4 (p. 91 in *Muccioli's* Catalog) hat irrig 1107, denn das Datum Mittwoch 26. Januar passt nur für 1127, da im J. 1107 der 26. ein Dienstag war. Meyer S. 177 behauptet, dass das Datum in der 2. Ausg. 4. *Lugd.* 1523 fehle; es steht aber das Epigraph dort f. 318 col. 4 vor den Emendationen, und liest man u. A. . . *textus .. ab antiquq quandoque dissentientes translatione.*

Opp. Isaaci vorgedruckten Empfehlungen in Form von Briefen, namentlich des Simphorianus Camperius an den eigentlichen Herausgeber Andreas Torinus angegeben sind, und dieser Umstand ist für die Beurtheilung des Sachverhältnisses nicht ohne Bedeutung.

Was zunächst die persönlichen Verhältnisse betrifft, so traf wohl Razi zu Anfang des X. Jahrhund. mit Isak b. Imran, dem Lehrer des Juden Isak ben Salomo, in Afrika zusammen, und letzterer soll über 100 Jahre alt geworden sein, starb jedoch erst gegen 940 — 50. Das Werk des Razi *el-Hawi* ist nach dem Tode desselben (923 oder 932) in Bagdad gesammelt, und müssen die, allerdings sehr zahlreichen Citate eines Isaac zunächst im Original selbst nachgewiesen, und dann näher geprüft werden. Wenn Freind (p. 219) aus der Vorrede des Ali ben Abbas berichtet, dass Razi Alles gesammelt habe von Hippocrates bis auf Isak: so hat er die Worte *Joannis filium* weggelassen, es ist also von Isaac dem Sohn des Honein die Rede! Ich werde öfter Gelegenheit haben, auf das für die Literaturgeschichte höchst wichtige, noch wenig benutzte Werk *el-Hawi* hinzuweisen, dessen lateinischer Uebersetzer (*Farag*) in der Reihe der Salernitaner vorkommen wird. Ich kann nur mein Bedauern aussprechen, dass die vollständigste HS. des Originals im Escurial, für eine jüdische Gelehrtenfamilie in Toledo copirt, weder benutzt noch zugänglich ist. Citate aus Pantechni im Hawi sind nicht gut denkbar. Arabische und jüdische Autoren wissen nichts von einem dem Pantechni ähnlichen Werke Isaks. Dieses griechische Wort ist eine glückliche Uebersetzung des arabischen Titels (*Complectens totam artem medicam*), wahrscheinlich von Constantin mit Rücksicht auf Galen's Macro- und Microtechni gewählt. Der Catalog der Leydener orientalischen HSS. (vol. III. 1865 p. 237) zählt an 30, zum Theil alte HSS. auf, wovon keine einzige den Isak als Verfasser nennt. Kurz, es ist kein Grund für diese Autorschaft als das Citat im Buche der Fieber, welches aber grade durch seine Isolirtheit sich als einen Zusatz des Uebersetzers Constantin verräth — und ist es wünschenswerth das arabische Original zu vergleichen. Es wäre auffallend genug, wenn derselbe Verfasser der Diätetik und des Pantechni bei so nahe liegenden Beziehungen nirgends eine gegenseitige Verweisung angebracht hätte. Vielmehr liegt die Sache natürlicher umgekehrt. Constantin eignete sich das Pantechni zu, oder gab wenigstens keinen Verfasser an [7]); in der Vorrede zum Viaticum sagt er ausdrücklich, dass er für *literatiores et provectiores* das Pantechni vorangeschickt, für die Anderen das Viaticum bestimme und seinen Namen vorsetze *quia quidam horum alieno emulantes labori, quum in eorum manus labor alienus venerit, sua furtim et quasi ex latrocinio supponunt nomina* (vgl. Daremberg p. 80); das ist doch ein vollgültiger Ausdruck eines scharfen Begriffes vom literarischen Eigenthum. Nun fand man jene Verweisung im Buche der Fieber, und hatte keinen Ausweg, als die Anklage des Plagiators gegen ihn selbst zu wenden [8]). So wurde Isak Verfasser

[7]) Bei einem flüchtigen Blättern in den Commentaren des Petrus Hispanus, welche zu n. 3, 4, 5 gedruckt sind, finde ich citirt: *Ysaac in dinetis, elementis* (auch *Constantin in lib. suo de elementis!* f. 31 col. 1 unten), *Ysaac in viatico* und *in viatico dicit Constant.* (f. 159 col. 2), aber stets *Const. in Pantegni*. Es müsste noch untersucht werden, ob der Name Isaks in alten lateinischen HSS. selbst vorkommt, da die Cataloge ihn zu suppliren pflegen. Wie Coxe, unter Cod. *M. Magd.* 51 (p. 30) dazu kommt, zur „Practica *sive liber de regimine sanitatis*" [vgl. Constant. *de regenda san. etc.* in *Cat. MSS. Angliae* I, 147 n. 2753] einzuklammern: *sive Avicennae sive cujuscumque sit*, weiss ich nicht. Der Ueberschrift des gedr. Pant.: *quem Constantinus sibi arrogavit*, liegt aber wohl die interessante Stelle in der Vorrede des Stephanus zu Grunde, welche ich in meinen jüngeren Quellen nirgends berührt finde, und den Anstrengungen Puccinotti's gegenüber für die Ehrlichkeit Constantins mittheilen muss: *Alteram vero interpretis [l. interpretationem?] calida depravatam fraude, nomen enim auctoris titulumque subtraxerat: seque qui interpres extiterat et inventorem liberi (sic) posuit: et suo nomine titulavit. Que ut facilius posset et in libri prologo et in aliis multa praetermisit pluribus necessaria locis: multorumque ordines commutatas nonnulla aliter protulit hoc uno tantum observato nihil prorsus ex suis addidit. In quo manifeste nobis innuit interpretem potius quam scriptorem fuisse. Quare magis arguendus est quod cum alterius librum de lingua in linguam transferret perfidentia seu impudentia nescio qua et illi quod elaboraverat abrogare et sibi usurpare non erubuit.* — Camperius behauptet dagegen, dass Stephan *frivolis rationibus motus* (!) das Buch dem *Haly Abbati (sic)* vindicire.

[8]) Andreas Torinus behauptet, zum Ruhme Isak's, es seien *Mesue, Serapionis atque Rasis volumina eius testimonio plena. Placuit insuper Pantechni opus sub Ysaac titulo ponere: cum apud omnes liquido compertum sit id*

des Pantechni, des Viaticum und noch anderer Schriften Constantins, s. weiter unten.

Schliesslich noch eine, nicht unerhebliche Bemerkung. Ali
ben Abbas kritisirt in der erwähnten Vorrede die alten, d. h. griechischen, und neuen, d. h. arabischen Aerzte. Den letzteren
Theil hat Freind gewissermaassen zum Leitfaden für arabische Medizin genommen, aber nicht ohne einen wesentlichen Irrthum (s.
unten). Constantin verarbeitet nur den ersten Theil in seinem
eigenen Namen, wie man aus der Zusammenstellung bei Daremberg
(Notices p. 83) sehen kann, und schaltet eine Stelle ein über 16
Bücher Galens, „welche kaum (*vix*) noch studirt werden." Daremberg meint, die Aufzählung sei sehr interessant für die Kenntniss des Zustandes der medicinischen Studien zur Zeit Constantins, will aber nicht bei einer Erläuterung und Rectificirung verweilen. Die Sache war mit Hülfe arabischer Quellen sehr
leicht abzuthun. Von 16 Schriften ist schon in einer ungenauen
Notiz aus Ibn Abi Oseibia bei Freind (p. 153 unter Stephan)
die Rede. Es sind diejenigen, welche hauptsächlich von den
Alexandrinern als Grundlage redigirt, tradirt und commentirt wurden, so dass eine arabische Uebersetzung eines Compendiums derselben unter dem Namen des Johannes Grammaticus (Philoponus) erhalten ist, welcher noch bei Wüstenfeld irrthümlich als
arabischer Autor aufgeführt wird. In einer besonderen Abhandlung, über Philoponus und das Studium Galens nach arabischen
Quellen, werde ich nachweisen, dass dieselben 16 Schriften wenigstens bis ins XII. Jahrhund. bei den Arabern vorzugsweise studirt und bearbeitet wurden. Also auch hier eine Entlehnung aus
irgend einer arabischen Quelle, und Constantin will damit sagen,
dass man nicht einmal die Grundlagen des Galen studire. Das
Eingehen auf die einzelnen Titel verspare ich für die erwähnte
Abhandlung; über einen muss ich jedoch schon hier eine vorläufige Auskunft geben. Puccinotti (p. 317) vermisst u. A. das Buch
de locis affectis und knüpft daran Betrachtungen über die Originalität der Schriften Constantins. In der That ist der Titel *de interio-*

Constantini furtum esse: et eundem Constantinum doctrine Ysaac manifeste emulum. Cui communi hominum consensui: suffragatur quod ipsemet Ysaac in suo de febribus citat se in Pantechni. Rasis quoque etc.

ribus membris bei Const. eine Abkürzung des bei den Arabern mit
Weglassung einzelner Wörter vorkommenden, vollständig (bei Ibn
Abi Oseibia und in der hebr. Uebersetzung der Collectanea Honeins)
lautenden Titels: „Kenntniss der Affectionen (oder Krankheiten)
der inneren Glieder, auch genannt: Kenntniss der afficirten Orte“
(vgl. Wenrich p. 247=251, vgl. Casiri I, 254, nach HS. zu emendiren, wo ausdrücklich „die 16 Schriften“). Am instructivesten
ist das Citat bei Petrus Hispanus (Anfang *Comm. de urin.* f. 156
der *Opp. Isaaci*): *unde dicit Galenus in lib. interiorum:
Intentio nostra in hoc libro est agere de passionibus membrorum quae cognoscuntur intellectu et non sensu.* Als *de
interioribus* wird das Buch bezeichnet z. B. in Cod. *Balliol* 231,[11]
(p. 78 Coxe), vgl. Cod. *Merton* 230, [15]): *Doctrina Galeni de interioribus secundum stylum Latinorum*, und das Citat am Ende
des *lib. secretorum* des Pseudo-Galen. Auch bei Razi (Hawi III,
3 f. 60 a, ff. 66 b, 67 b) heisst Galens Buch mitunter *de membris
interioribus*, sonst gewöhnlich *de membris dolentibus.* Ein Buch
des Hippocrates „*de morbis internis*“, wird von arabischen Bibliographen nicht erwähnt. Ist etwa N. 28 bei Petr. Diaconus
eine Bearbeitung desselben Buches Galens? Auch die
Practica beginnt mit Buch V. die 3. Abtheilung der Heilungsart,
nämlich: *de passionibus interiorum membrorum.*

   9: De gradibus. Meines Wissens hat noch Niemand auf den
Unterschied der beiden Ausgaben aufmerksam gemacht; es
konnte auch die ältere leichter unbeachtet bleiben, weil sie, zwar
auf dem Titel genannt, aber in der Practica hinter Buch II, welches von den Heilmitteln handelt (f. 78—86), ohne Aenderung des
Columnentitels, eingeschaltet und wahrscheinlich diesem Verhältniss angepasst ist. Wenn Meyer (S. 483) „stark vermuthet“, dass Petrus Diaconus dasselbe Buch auch unter dem Titel
de simplici medicina vorführe, so hat er vergessen, dass er selbst
S. 143 des *Liber virtutum de simplici medicina* Constantin's
(unten N. 13) erwähne, um einen Irrthum Hallers zu berichtigen!
(Die Stelle fehlt in der That im Index S. 546 unter Constantin.)
Zur richtigen Beurtheilung des gegenseitigen Verhältnisses bemerke
ich, dass schon die Schlussbemerkung des Ali zu Buch II. im
Pant. eine ungeschickte Wendung erhalten. Man liest: *quia com-
plevimus doctrinam de electione et custodia simplicis medicinae,*

necessarium est ut medicus in electione et custodia simpl. med.
sit studiosus etc. Nunc de gradibus sequitur et de pro-
prietate singularum medicinarum. Tractatus Constan-
tini de gradibus medicinarum secundum ordinem alpha-
beticum.

Ferner stelle ich hier die, in der Basler Ausg. allerdings (wie
M. bemerkt) sehr corrumpirten Anfangsworte der Vorrede nach
beiden Recensionen her:

A) Opp. Const.	*B) Opp. Isaaci*
Cum disputationem simpl. med. li-	*Quoniam simplicis medicinae dispu-*
ber (!), prout ratio postulabit ex-	*tationem prout ratio postulavit, ex-*
plebimus, cuius virtus est in qua-	*plevimus, restat ut ordo sequa-*
tuor gradibus, opportet prius	*tur de unaquaque specie sin-*
disputare de antiquorum dictis	*gulariter. Unde dicimus quod an-*
qualiter ipsi intentionem de	*tiqui etc.*
quatuor gradibus habuerint.	
Unde dic. qu. antiqui.	

Die Pflanzen des 4. Grades haben noch eine kleine (im Hebräischen fehlende) Vorrede (A. p. 380, B. fol. 85 col. 1): *Opportet*
nos prius quam de simplicibus (medicinis vel B.) speciebus me-
dicinae (disputare B.) incipiamus virtutem in quarto gradu exi-
stentem habentibus (fehlt in B.!) *disputare de antiquorum dictis,*
qualiter ipsi de quarto gradu senserunt (s-int B.) ne quod in
(his B.) praedictis particulis diximus artem medicinae ingre-
dientibus insufficiens videatur. Die Mittel sind hier, mit Aus-
nahme der ,3 ersten, schon in A. nach dem ersten Buchstaben
alphabetisch geordnet.· Die letzten beiden sind Tithimallus und
Thutia, dafür in A. Tapsia und Thitymalli; die hebräische Uebersetzung folgt A., endet aber mit Tapsia.

Constantin citirt in diesem Buche, welches für die damals
wichtige Lehre von den Graden maassgebend wurde: Alexander,
Bedigorus [Pythagoras?], Cleopatra, Dioscorides, Galen, Hippocrates, Paulus, Rufus (unter Magnet p. 378 fehlt Ueberschrift, in
B. zu Anfang III. Gr.!), Stephanus (p. 381, fehlt in meiner hebr.
HS.). Unter Mineralien ist häufig Aristoteles *de Lapidibus* citirt,
unter Plumbum liest *A.* (p. 360) *Arabum in libro,* für Aristoteles,
welches nicht bloss *B. f.* 81 *col.* 4, sondern auch in der hebr.
Uebersetzung. Von Arabern selbst fand ich nur Costa Fil. Lucae,
unter Myroballani, wovon ausdrücklich 5 Arten angegeben wer-

den, wesshalb die Artikel *Kebuli* und *Emblici* auch in den *Opp.
Is.* f. 79 richtig folgen. Meyer (S. 483) ordnet sie alphabetisch;
diess verdient Erwähnung, weil Freind (p. 165, vgl. Meyer S. 399)
behauptet, dass Nicolaus Myrepsus jene beiden mit Myrob. confundirt habe, und die 5 Arten auch in salernit. Quellen vorkommen, s. das Glossar zu Donnolo s. v.

Da Stephanus ausdrücklich bemerkt, dass der ältere Uebersetzer Nichts hinzugefügt habe; so hat sein Exemplar des Pantechni jedenfalls unser Schriftchen nicht enthalten. Dennoch wird
es schon in alten HSS. z. B. *Omn. anim.* 69,[2] (p. 20 Coxe) v. J.
1280, und *Mar. Magd.* 175,c (p. 81) dem Isaac Israelita beigelegt! [9]).

Die hebräische, nicht ganz wörtliche Uebersetzung nennt in
allen mir früher bekannten HSS. weder Verfasser noch Uebersetzer;
ich habe die Identität zuerst aus den *Opp. Const.* erkannt (*Catal.
l. h. p.* 2267; *Codd. h. Lugd. p.* 377). Der neue pariser Catalog
bereitet uns einen *Embarras de richesses!* Das Buch erscheint
ohne Autornamen unter dem Verzeichniss des Anon. n. 19, und
ist die Vermuthung des Catalogs, dass es sich um Constantin's
Buch handle, schon darum richtig, weil unsre n. 13 folgt, wie ich
nachweisen werde. Aber eine Seite später verzeichnet er unter
1194 Cod. *Sorb.* 224 (den ich schon nach Wolf angegeben) als:
Livre des dégres, ou choses utiles [falsche Auffassung] von
Abraham Jahsara! Ein solcher Name existirt unglücklicher
Weise nicht, und wir sind um die schöne Hoffnung betrogen, den
Namen jenes fruchtbaren Uebersetzers kennen zu lernen. Vielleicht
ist Jahseel = Jahzeel zu lesen, und Abraham Caslari, der medizinische Schriftsteller aus dem XIV. Jahrh. gemeint, der etwa
das Werkchen abgeschrieben? [10])

10. *Viaticnm.* Wenn ich auch hier die Frage nach dem
Verfasser wiederaufnehme (vgl. *Catal. l. h.* p. 1123): so ge-
schieht es einerseits in der Hoffnung, dieselbe zum Abschluss zu
bringen, anderseits in der Nothwendigkeit, den allgemeinen An-

---

[9]) In M. M. folgt *Ysaac, de somno et visione*, wovon der Anfang in Cod.
Oriel 7 (p. 3 Coxe): *Tu cui Deus occultorum.* Auch hier ist der jüdische
Arzt nicht Verfasser; vgl. *Serapeum* 1863 S. 211 A. 23.

[10]) Vgl. *Catal. Codd. Lugd. p.* 160 u. *XXVI*; Hebr. Bibliogr. 1865 S. 76, namentlich das dort citirte *Ozar Nechmad*, wegen des *s* für *z*.

sichten entgegenzutreten, welche Puccinotti vorbringt, um die
Originalität der griechischen εφοδια, oder wenigstens eines Pro-
totyps derselben zu retten. Wollte ich jedoch jede einzelne Behauptung in den beiden, diesem Lieblingsthema gewidmeten Capi-
teln (VII u. XVII p. 213 ff., 319 ff.) beleuchten, die zu Zweifeln
gegen die durch Daremberg's [11]) und Dugat's Forschungen
naheliegenden Resultate führen sollen, von welchen Zweifeln Pucc.
(p. 220) selbst fürchtet, dass tüchtige Hellenisten und Arabisten
sie für „puerile" halten werden: so würde dazu eine weitausgrei-
fende Abhandlung nöthig sein. Die griechische Bearbeitung des
Viaticum ist mir auch Nebensache. Das Verhältniss des arabischen
Originals zur lateinischen Uebersetzung und beider zu zwei hebräischen Uebersetzungen soll hier hauptsächlich festgestellt werden.

Zuvörderst sind einige von verschiedenen Autoren an Petrus
Diaconus geknüpfte Combinationen zu beseitigen, welche auf Missverständniss beruhen. Man liest bei demselben: *Viaticum quem
in septem divisit partes, primo de morbis in capite nascenti-
bus, dehinc de morbis faciei, (III) de instrumentis* [richtiger *in-
strumentorum*] *(IV) de stomachi et intestinorum infirmitatibus,
(V) de infirmitatibus epatis, renum, vesicae et fellis, (VI) de
his quae in generativis membris nascuntur, (VII) de omnibus
quae in exteriore cute nascuntur.* Renzi und Pucc. haben nur
I. u. II. für Theile des Viaticum genommen, das Uebrige mit vor-
handenen kleinen Abhandlungen oder sonstwie combinirt, Choulant
(p. 254) lässt VI u. VII mit gesperrter Schrift setzen; nur in
Pertz' Monumenta wird richtig abgetheilt. Anstoss konnte nur VII
erregen, da dieser Theil des Viat. mit „Synesius" *de febribus*
identisch ist. Aber Ueberschrift (*primo de febribus, deinde de
passionibus exterius apparentibus*) und der Anfang des Buches
selbst lassen keinen Zweifel zu: *Expletis in superiori particula
membrorum interiorum passionibus . . . consequitur ut in hac
septima particula . . . dicamus quid exterius corpus partia-*

[11]) Daremberg, *Notices etc. p.* 63 *sequ.* hauptsächlich über die griech. Ephodia
und das latein. *Viaticum.* Dugat im *Journal Asiatique* 1853 *Serie V, T. I
p.* 289 *sequ.*, über das arab. Original nach einer Dresdner Handschrift. Ich
muss im Allgemeinen auf die beiden gründlichen Abhandlungen verweisen.
Daremberg's Buch ist ein Abdruck aus den *Archives des missions scienti-
fiques*, 1851.

tur etc. Der arabische Text (bei Dugat p. 351) hat freilich als Ueberschrift: Ueber die Uebel, welche innerhalb der Haut vorkommen.

Der arabische Verfasser, Abu Dschaafer Ahmed Ibn ol-Dschezzar (nicht Algazirah, wie Choulant S. 350, Haeser S. 234) aus Kairowan, daher auch „el-Afriki" (der Africaner), ein Schüler des Juden Isak in Kairowan, gestorben in hohem Alter in der zweiten Hälfte des X. Jahrhund., ist nicht bloss den „modernen Arabisten" eine berühmte Person (Pucc. p. 319); die Behauptung, dass er „*appena noto e non mai citato nè dai suoi contemporanei, né nazionali, né dagli autori europei*" (Pucc. 324) fällt in sich zusammen. Razi ist nicht 1010 gestorben, wie Pucc. (p. 324) angiebt, sondern spätestens 932; zu Ali Ibn Abbas in Bagdad, der unsern Ahmed vielleicht überlebte, mochten die Schriften des letzteren nicht gedrungen sein. Aber Ahmed figurirt schon in dem biographischen Werke seines spanischen Zeitgenossen Ibn Dscholdschol (bei Dugat p. 300). In der Medicea zu Florenz findet sich ein grösseres Werk über einfache Heilmittel nach Hippocrates von „Ahmed ben Ibrahim u. s. w." (irrthümlich Almed, nach Schelhorn, bei Fabricius, im Verzeichniss der Aerzte, Bibl. Gr. XIII, 55); Assemani setzt den Verf. irrthümlich in das VIII. Jahrhund. Auf meine Veranlassung untersuchte mein gelehrter Freund, Hr. Prof. Lasinio (jetzt in Pisa) im J. 1864 die HS., und fand den arabischen Titel el-I'timad (d. h. *Adminiculum*) zu Anfange des II. u. III. Tractats (f. 38,986) und im Epigraph [12]); es bestätigt sich also die Vermuthung Meyer's (S. 99, vgl. 179, 181) über den Verfasser, und es ist wohl auch dieses Werk, aus welchem bereits die jüngeren Mesue und Serapion, Ibn Beithar, Ibn Awwam und wohl auch Tifaschi (bei Clement Mullet, *Journ. As.* 1837, Ser. III. T. III, 129, worauf mich Pr. Lasinio aufmerksam machte) geschöpft haben; nur bietet der Name des Autors wegen der irrigen Punktation der arabischen Buchstaben eine Menge von Varianten, die freilich dem Arabisten sehr geringfügig erscheinen; es kommen jedoch dazu die erheblicheren Schreib- und Druckfehler der Lateiner, und so finden wir neben „Ben Gezar" (Fabric. XIII, 101 ohne Quelle) Eben Gezar (Mesue IV, 8 f. 235 ed. 1581, bei Fabr.

---

[12]) In der Hebr. Bibl. 1865 S. 92 ist irrthümlich das Viaticum angegeben.

p. 147 falsch Ebenzegar und fil. Zear, anstatt fil. Zezar, wie
p. 160; Ebengezar auch bei Mesue f. 77 e, Hebengezar f. 254 b),
sogar Avenzoar (bei Mesue, *simpl.* §-12. f. 40), was sonst gewöhnlich Ibn Zohr bedeutet; ferner Hamech (d. h. Ahmed, s. unten Anm. 32) eben (oder fil.) Zezar, bei Mesue häufig (z. B.
f. 232, 238b, 244b, 271d, 235e); in arabischen Quellen auch
Ibn Hozzar und Harrar. — Unser Ahmed hat freilich auch
eine Abhandlung über *Succedanea* verfasst, welche sich noch in
HS. 891,⁴ des Escurial erhalten hat. Nach Casiri (I, 317) wäre
der Vf. ein *Hispanus sexto (!) Egirae saeculo nobilis,* den Morejon (I, 177) nicht weiter kennt; Wüstenfeld hat den Autor erkannt, aber nicht das Werk (s. zur pseud. Lit. S. 41). Auf dasselbe bezieht sich vielleicht die Kritik des bekannten Aegypters
Ali Ibn Ridhwan (vulgo *Rodoam*) um die Mitte des XI. Jahrhund., in einem Werke, welches nur in hebräischer Uebersetzung
sich erhalten hat, II. Kap. 45, indem der daselbst genannte „Ifriki"
(Afrikaner) nicht Constantinus und die Stelle nicht ein Zusatz ist, wie
ich im Catalog der Leydner HS. p. 320 fragend andeutete. An
diese Schriften schliesst sich offenbar die kleinere Abhandlung *de
proprietatibus* (nicht *de praeservativis,* wie Wüstenfeld S. 61 n. 21
übersetzt), in einer alten lateinischen Uebersetzung unter dem Titel
Epistola Ameti . . nominati Macelaris [lat. Uebersetzung von
Dschezzar] *de proprietatibus etc.* erhalten, aus welcher eine hebräische Uebersetzung versucht worden. Der Verfasser citirt für
seine sympathetischen Mittel Autoritäten, deren Namen zum Theil
noch zu enträthseln, aber grösstentheils griechisch sind ¹²). Am
wichtigsten für unsre Frage ist aber die hebr. HS. *De Rossi* 339,
über welche der berühmte Besitzer leider zu wenig und Unrich-
tiges mittheilt. Zunz (die hebr. Handschr. in Italien, Berlin 1864,
S. 11) meint, der Codex „verdiene eine, das Verhältniss beider
(in ihm enthaltenen) Werke zu einander feststellende Untersuchung."
Er hat nemlich im J. 1863 einen Theil seiner kostbaren Zeit in
Parma zur Beantwortung einiger von mir notirten Fragen verwen-
det, und ich verdanke ihm folgende Notiz. Ueberschrift (ich über-
setze wörtlich aus dem Hebr.) „Buch des Ben al-Gezar" [offen-

¹²) Siehe meine Nachweisungen in der Deutsch.-Morgenl. Zeitschr. XVIII, 151
A. 40 (im Texte ist jedoch *Aa-Nobeach* zu lesen) u. Zur pseud. Lit. S. 56 ff.

bar Dschezzar, und nicht Gazzali!] „über die Arzneikunst, welches übersetzte aus ihrer Sprache" [d. h. nicht arabisch, wie *De Rossi* meint, wahrscheinlich lateinisch] in die heilige *Chajjim* Sohn *Ibn Musa* gesegn. Andenkens." Dann folgt: „Es spricht Ben al-Gezar: Wir haben erwähnt im Buch *Viatic.* (וייאטיק) und in anderen Büchern, welche erprobt haben [?? נסו] die Heilmittel aller Krankheiten, die wir in diesem Buche erwähnt haben, in vollständiger Weise." Zunz fährt fort „es ist namentlich für Arme und zählt 71 Kapitel, bricht aber im 68. ab: es scheinen Blätter zu fehlen, in allem 248. Alles von derselben Hand folgende, eine ausführliche Therapie, die viele Aerzte nennt, ist wohl ein anderes Werk." De Rossi verzeichnet als n. 2. *Ozar ha-Dallim*, d. h. *Thesaurus Pauperum* von einem anonymen Arzte, und möchte dieses Buch identificiren mit dem gleichbedeutenden *Ozar Anijjim*, welches nach Wolfius I. p. 383 von Honein sein soll. Er hätte noch III. p. 270 hinzufügen sollen, wo HSS. in Paris und Oxford angegeben, freilich beide nicht zu finden sind! Aber bei W. II. p. 1255 n. 29 (unter anon.) hätte er die Notiz von einer hebr. HS. in portugiesischer Sprache gefunden, worin der Vf. *Maestro Giulian* heisst, und sich vielleicht seiner eigenen HS. N. 624 erinnert, unter welcher er freilich *„Thesaurus infirmorum (!) magistro Petro Juliano hispano, qui postea fuit papa"* angiebt, und nur von der logischen *Summula* und der (noch jetzt bestrittenen) Identität der Verfasser handelt! In der That ist der angebliche Verf. Honein nur durch eine unrichtige Uebertragung in Nessels Catalog der Wiener HSS. entstanden, indem derselbe Codex die Einleitung des Honein und den bekannten *Thesaurus Pauperum* des Petrus enthält — von einem Juden in Strassburg übersetzt, wenn man dem letzten Catalog (S. 166 n. 155, vgl. S. 91 u. 153, *Catal. Lugd.* p. 329) Glauben schenken darf. Ein Fragment dieses Buches besitze ich selbst. — Was enthält aber die HS. De Rossi's? Doch wohl unter n. 1 am ehesten die *Medicina* oder *curatio pauperum* des Ibn ol-Dschezzar (vgl. Wüstenfeld n. 10, in Hagi Khalfa IV, 131 n. 7875 ist ein Zeichen ausgefallen, und Flügel übersetzt: *medicina vertebrarum dorsi*). Ob der Uebersetzer Chajjim identisch sei mit dem Polemiker gegen Nicolaus de Lyra (Wolf n. 616, De Rossi Wörterb. S. 213), der nach Graetz (VII, 230, 513) um 1450. oder

1456 gelebt haben, während die HS. dem XIV. Jahrh. angehören soll, oder mit dem Uebersetzer des kleinen Buches *de virtutibus plantarum* in 150 Abschnitten in Cod. *Vat.* 364,[1], mag dahingestellt bleiben. Wir lernen aber aus diesem Werke, dass Ibn ol-Dschezzar sich selbst als den Verf. des „*Viaticum*" bezeichnet, und man könnte aus diesem Namen schliessen, dass Constantin selbst auch die *Medicina pauperum* bearbeitet habe [14]); aber noch mehr, wir können nun mit Bestimmtheit behaupten, dass die arabische HS. des Escurial 852,6 das Original jener Uebersetzung sei! Der arab. Titel: زاد المسافر فى علاج الفقرا والمساكن ist von Casiri nur halb übersetzt und daher das Buch bei Wüstenfeld mit dem *Viaticum* identificirt; er lautet vollständig: „Vorrath der Reisenden, über Heilmittel der Armen und Dürftigen". Das Buch zerfällt in 70 Kapitel. Den Autor nennt Casiri *Ebn Alhozar Alcaruni*, und die HS. bezeichnet ihn als „Andalusi"; daher steht er bei *Morejon (Hist. bibliogr. de la médicina española*, Madrid 1842, I, 195) unter den Spaniern unbestimmten Zeitalters. Wir wissen aber, dass Ahmed seinen Wunsch, nach Spanien zu reisen, nicht ausführen konnte. Daremberg (Not. p. 64) weiss sich nicht herauszufinden; Dugat (p. 305) bemerkt sehr kurz, dass Wüstenfeld die *Medicina pauperum* mit dem Viaticum confundirt zu haben scheine. Puccinotti (p. 219) scheint diese Bemerkung nicht beachtet oder missverstanden zu haben, und er frägt, wie es komme, dass in der von Wüstenfeld untersuchten (!) HS. des Escurial „Abu Dschaafer" nicht einmal genannt sei! Wer sich über die Namensverhältnisse der Araber unterrichten will, die allerdings die besten Forscher irre führen können, der findet in Wüstenfeld's Einleitung das Nöthigste, jedenfalls genug, um zu wissen, dass die Abwesenheit eines Beinamens gar nichts bedeute. Aber zum Ueberflusse ist auch der Beiname „Abuiafar" und „Abuzifar" in dem Catalog der HSS. des Escurial von Castillus (bei Hottinger, Prompt., Append. p. 13 n. 144, 146) erhalten! Positive

[14]) Die Araber nennen auch ein Buch Galen's *de morborum curatione, sive medicina pauperum, libri II*; vgl. Wenrich p. 264. Der Unterschied der Cur der Reichen und Armen ist „salernitanischer Gebrauch" (*R. IV*, 505), aber jedenfalls älter (Daremberg, La Medicine 1865, p. 152). Ein Compendium des Hawi von Abu'l Hasan al-Koreschi (HS. München 807) wird ebenfalls *Tabb el-Fukara wel Mesakin* bezeichnet (s. auch Nachschrift).

Schwierigkeiten bietet Casiri nicht, wenn man richtig *al-Kaira-wani* (aus Kairowan) für Alcaruni liest; wodurch die Bezeichnung el-Andalusi in der That verdächtig wird, auf Irrthum oder Fälschung zurückzuführen ist. Wir wissen aber nunmehr aus der hebräischen Uebersetzung, dass sich Ahmed selbst auf sein Viaticum bezieht, und ist die Autorschaft des Letzteren gesichert. Die Araber kennen kein Viaticum des Isaak, wahrscheinlich hat man auch hier letzteren, den Lehrer des wirklichen Verfassers zum Autor gemacht, weil Constantin der lateinische Uebersetzer ist, der den Autor nicht nannte.

Eine hebräische Uebersetzung des „Viaticum" mit dem symbolischen Titel: *Jair Netib* („beleuchtend den Pfad", nach Job 41, 24) ist schon im *Catal. l. h. p.* 1124 als eine ältere aus dem Lateinischen geflossene bezeichnet, welche als Autor Isak Israeli, aber den lateinischen Uebersetzer nicht beim Namen nennt. Wir erfahren jetzt, dass der Anon. Par. (n. 15) der Uebersetzer sei; also legte man das Buch schon um 1200 dem Isak bei, wie es auch der zweifelhafte Commentator Gerard thut, ohne dass man es als eine „Tradition" bezeichnen darf, wie Daremberg p. 80. Zu den im Catal. erwähnten 2 HSS. kommt noch eine vollständige auf Pergament, welche im J. 1597 der Arzt Josef Wallich in Worms besass [15]). Erst im J. 1259 übersetzte Mose Ibn Tibbon das Werk aus dem Arabischen u. d. T. *Zedat ha-Derachim* (d. h. wörtlich „Vorrath der Wege"). In der Vorrede (HS. Bodl. bei Uri 413) bemerkt er, dass er der Ehre des „ersten (frühern) Uebersetzers" nicht zu nahe treten wolle. Der Uebersetzer „in die Sprache der Nazionen" (d. h. ins Latein.) habe an vielen Stellen gekürzt, das Deutliche verdunkelt, das Offene versteckt, die Dinge und Vorschriften verwechselt, die Angabe des Nutzens und der Wirkung, so wie der Beschaffenheit und Bereitungsweise gekürzt, das Gewicht vermehrt oder vermindert, einige Mittel weggelassen, das Verbundene getrennt, das Getrennte verbunden; alles diess sei nicht dem Uebersetzer ins Hebräische zur Last zu legen; jedoch habe dieser die meisten Namen der Krankheiten in der fremden Terminologie gegeben, welche nur der Fachkundige ver-

---

[15]) Er besass auch die mediz. HS. *Oppenh.* 1136 *fol.* — Ueber die Familie Wallich s. *Hebr. Bibliogr.* 1864 S. 82.

steht. Er selbst wolle nach seiner Weise wörtlich übersetzen. — Diese Kritik des Constantinus von Seiten eines Uebersetzers von Fach und Gewerbe (vgl. *Catal.* p. 1999 ff.) ist nicht ohne Interesse und stimmt im Wesentlichen mit der oben erwähnten des Stephanus. Von der letzten Uebersetzung sind nahe an 10 Handschriften bekannt, ausser einem angebl. Compendium (De Rossi 1053, vielleicht die andere Uebersetzung enthaltend?); Daremberg und Dugat haben von keiner speciellen Gebrauch gemacht, und so ist ihnen, ausser der mitgetheilten Notiz, noch Manches entgangen. Der Titel „*Viatico*“ u. s. w. in der Mediceischen HS. — welcher auch das mitzutheilende Fragment des Donnolo entnommen ist, — hat mich früher schwankend gemacht; ich kann jetzt mit Bestimmtheit angeben, dass diese HS. die Uebersetzung aus dem Arabischen enthält, nachdem mir Prof. Lasinio zwei Stellen aus dem von Dugat mitgetheilten Capitel über die Liebeskrankheit (I, 20) abgeschrieben hat. Bei Gelegenheit der Musik findet sich im Namen des Jakob ben Isak el-Kindi eine Sentenz [16]) des ארפיינום, des Erfinders der Arten der Gesänge und Instrumente (?) [17]) im arabischen Texte *Arkaos* [l. *Arphaos*]. Dugat (p. 310, 336) denkt zuerst an *Alcaeus,* dann erst an Orpheus. Al-Kindi, welcher bekanntlich die Lehre von der geometrischen Proportion und der musikalischen Harmonie auf die Zusammensetzung der Heilmittel anwendete, und dadurch maassgebend wurde (Sprengel II,

---

[16]) Der Hebräer liest: „die Könige laden mich zu ihren Gastmählern, damit sie sich freuen und sich durch mich unterhalten; sie wissen aber nicht, dass ich mich mehr freue über sie, denn ich besitze das Vermögen zu besänftigen ihren Zorn u. s. w.“ Bei Const. liest man: *Dicunt alii: quod Orpheus dixit: imperatores me invitant ad convivia, ut ex me se delectent: et ego quidem condelector ex ipsis: cum quo velim animos eorum flectere possim: sicut de ira etc.* Die hebr. anon. Uebersetzung in der erwähnten HS.: „Man sagt, dass *Ortwus* (so punktirt!) gesagt habe: die Könige heiligen (!) mich an ihren Tafeln, weil sie sich mit mir freuen, und ich, indem ich mich mit ihnen freue, kann leiten ihr Herz, wohin ich will u. s. w.“ Mose Tibbon scheint die beste Lesart gehabt zu haben. Dasselbe Citat bei Constant. noch anderswo s. in folg. Anm.

[17]) ארמא זני וכל (!) זני וכל, wenn nicht eine irrthümliche Wiederholung, vielleicht כלי zu lesen? Bei Constant. *de melancholia lib. II p.* 393: *Orpheus enim dixit qui tonos adinvenit: Imperatores me ad convivia invitant ut de me se delectent et gaudeant; sed ego de ipsis delector animum mutando, de ira etc.*

385), hat auch eine, in einer HS. der hiesigen k. Bibliothek be-
findliche Abhandlung über Musik verfasst, worin hauptsächlich
Sprüche der Alten zum Lobe derselben figuriren; ob jenes Citat
sich darin befinde, habe ich noch nicht untersuchen können.

Diess führt uns schliesslich auf diejenigen Bemerkungen, welche das Verhältniss zu den griechischen Ephodien betreffen,
und hauptsächlich gegen Puccinotti gerichtet sind. Daremberg
weist nach, dass das arabische Werk Text des *Viaticum* und der
Ephodia sei. Pucc. geht davon aus (p. 213), dass die Ephodien
ursprünglich eine Compilation für medizinische „Periodeuten" waren, und setzt daher (p. 220) diesen Titel zu einer allgemeinen
Bezeichnung für *Breviarum* herab (S. 325), will sogar den Aggregator des älteren Ibn Serapion damit zusammenbringen; in der
That ist das griechische Wort nur die specielle Uebersetzung des
echt arabischen, auch durch *Viaticum peregrinatoris* (später kurz-
weg *Viaticum*) vollständig wiedergegebenen Titels, wie noch Se-
rachja ben Isak in Rom (um 1284—94) wörtlich *Zedat ha-Oreach*
(so lese ich) übersetzt. Jüdische Aerzte in Constantinopel, Mem-
phis und Sicilien, ja sogar Araber, sollen, nach der Vorstellung
Puccinotti's, zunächst Copien des Griechischen verbreitet haben
(S. 215, 217)! Hier werden die Forschungen von Wenrich, Flügel, Munk, Renan u. A. ignorirt, welche darthun, dass nestoriani-
sche Christen im IX. Jahrh. die Uebersetzer aus dem Griechischen waren; die Araber selbst und die unter ihnen lebenden
Juden verstanden nicht griechisch. Von den Juden im Abendlande
wird anderswo die Rede sein. Also hat unser Ahmed seine Citate aus griechischen Autoren (zusammengestellt bei Dugat p. 320 ff.)
nicht direct aus griechischer Quelle (Pucc. p. 324), und wenn die
alte Klage von den Namensentstellungen Anwendung finden
soll: so durfte sie gerade hier am wenigsten dem Araber gelten
(p. 126), nachdem Daremberg (p. 90) nachgewiesen, dass die
Ephodia, auch die älteste Recension, die arabischen Entstellungen
eher vermehrt als vermindert. In der That haben die Araber die
griechischen Namen im Ganzen nicht mehr ihrer Sprache assimi-
lirt, als es noch heute etwa die Franzosen thun; nur mangelhafte
und eigenthümliche Vokalbezeichnung (z. B. *á* für η, *u* für ω
u. dgl.), Undeutlichkeit der diakritischen Punkte (wie oben *Arkaos*)
u. s. w. in den Copien haben die eigentlichen Entstaltungen erst in

24 *

den abendländischen Uebersetzungen und bei deren Be-
nutzern hervorgerufen, und so wimmelt das Verzeichniss des Fabricius (Bd. XIII) von unerkannten Identitäten, deren einige im
Laufe dieser Abhandlung beleuchtet werden. Die Beispiele Puccinotti's (p. 216) sprechen aber gegen seine Auffassung, wenn man
die richtige Deutung findet. Zunächst darf man nicht die Araber
für „Bedigoros" u. s. w. verantwortlich machen (vgl. Fabr. p. 99,
101, 104, Edigoros p. 147, Debigoros p. 136, Diagoras p. 139), wenn
dieses Wort Pythagoras bedeuten soll, bei den Arabern gewöhnlich Phyth., weil sie kein *p* haben, also *f* oder *b* setzen müssen;
Bedigoros finde ich zuerst bei Razi und Ahmed. Ein eclatantes
und zugleich instructives Beispiel ist aber folgendes. Ahmed
citirt (V, 11) den Satz: „die Milz ist das Organ des Lachens"
(für *rêve*, bei Daremb. p. 90 und Dugat p. 328, lies *rire*) im Namen eines ايلاديبوس; der Grieche setzt dafür Νιχολαος, und nun
soll es nach Pucc. der „Byzantiner Nicolaos" sein! Daremberg
und Dugat wissen nemlich mit dem Namen Nichts anzufangen, obwohl Constantin (V, 13) *fledius vel feledius alexandrinus* hat,
in Opp. Const. V, 12 Feldius, wozu Fabricius (p. 159) bemerkt:
vide an sit ille de re rustica! [18]) Ich besitze jetzt die, ehemals
Bislichis gehörende HS., welche leider mit III, 8 beginnt; sie enthält die Uebersetzung des Mose Tibbon, und man liest daselbst
richtig אפלאדיום (und so, offenbar aus dieser Quelle, bei Mose Bo-
tarel, s. *Catal. l. h. p.* 1781), also ist es offenbar Palladius, der
als فلاديبوس bei Ibn Abi Oseibia unter den Redactoren des Galen
erscheint [19]). Das prosthetische Aleph findet sich bekanntlich auch

[18]) Fabricius meint hier wohl die bei ihm vorkommenden *Fallaha Perses* (p. 159)
und *Filaha* (p. 159), wo er auf Constantius verweist (p. 126—7). *Filaha*
ist aber Agricultur, s. E. Meyer S. 155 ff., zur pseud. Lit. S. 63, Chwolsohn, Tammuz S. 111; wozu ich noch bemerke, dass auch der angebl.
Autor Defilaha bei Fabric. p. 136 eine Zusammenziehung der Praeposition
de (im Hawi gewöhnlich für *ex*); vgl. Hawi VII, 4 f. 165b, IX, 6 f. 205a,
X, 3 f. 221d, XV, 1 f. 516a, namentlich; *in filaha romana de libro castes*
(f. 445a § 424), und *de filaha fastis* (§ 544).

[19]) Vgl. DM. Zeitschr. XX, 431. Paladius „*quisquis sit*" erwähnt Fabricius
p. 353 aus dem Hawi IV, 1, s. auch IV, 2 f. 83b; Baladius, *in capitulo
cuius principium designat quod ulcera vesice etc.*, im Hawi X, 1 f. 207a;
vielleicht auch Miladius das. VII, 3, nach Fabr. S. 338 *ex libr. Aphorismorum.* Hingegen kann Filomanus (V, 1 f. 100) eine der vielen Formen

sonst bei fremden Namen, nicht bloss vor einem Doppelconson-
nanten, wie z. B. bei Ahmed *Akritos* für Criton (vgl. *Ahiriton* bei
Fabric. p. 43 ohne Quelle, Kritin bei Razi XXV, 10 f. 515 a über
Cosmetik, vgl. zur pseud. Lit. S. 60), sondern auch *Aflimun* für
„Philemon", oder richtiger Polemo [20]); die Araber lasen wahrscheinlich in solchen Fällen den ersten Consonanten ohne Vocal.
Für den, von Dugat (p. 317) nicht erklärten Namen *Kratimas* hat
meine hebr. HS. *Pratipds* oder *Pratiphds* (פרטיפדאם), was vielleicht auf den unbekannten Autor des Mittels gegen den Hunds-
biss führen wird. Es wären die griechischen, dem *Demetrios Pa-
pagomenos* und dem *Femon* (vgl. Fenon bei Fabr. 159) beigeleg-
ten Schriften über Hundswuth (s. *Ercolani, Ricerche stor-analit.
sugli scrittori di Veterinaria,* Torino 1851, I, 333, 338) zu vergleichen. „*Tariaduf* (?)" bei Dugat p. 328, bei Constantin: *quidam,* wage ich ohne Hülfe einer HS. ohne Weiteres in *Tajaduk*
zu emendiren. Es ist Theodocus, dessen Identität mit Theodun
von E. Meyer (S. 93) richtig erkannt worden, obwohl ihn Ham-
mers Angaben irre geleitet haben, wie ich anderswo ausführen
werde. Die Parallelstelle der Ephodia wäre jedoch wünschenswerth. Im Hawi (III, 2 f. 53 a, vgl. Fabric. p. 437) wird von
„Tiaducus" nicht dasselbe Mittel gegen Hömorrhogie angeführt. Es
erscheint aber Thedocus, wie ich glaube, in folgenden (zum Theil
bei Fabr. p. 105, 146, 304, 306, 309 angegebenen) Entstaltungen: Butaducus, Cubaduc (XXV, 10 f. 514 a), Draducus,
Innadicus (IV, 3 f. 88 b), Innaducus, Irbadicus, Juba-
ducus, Lororacos, Tubaducus (z. B. XXV, 15 f. 519 c, Cap.

sein, unter welchen Philagrius vorkommt Es gehört zur Feststellung
dieser Citate eine genauere Untersuchung, als ich jetzt anstellen kann. —
Der mit „Fledius" zusammen vorkommende Mahrarius, in welchem Meyer
den „*Mercurius*" erkannt hat, (zur pseud. Lit. S. 31), erscheint auch als
Mahraris bei Razi (IX, 5 f. 200 d, Fabric. p. 314), Machrahis (f. 450 a
Ende § 470), Mehererit und Meheres bei Serapion, *simpl.* 201, 301
(Fabr. p. 328).

[20]) Ueber diesen Physiognomiker und die Anecdote von Hippocrates (Ibn
Dscholdschol bei Ibn Abi Oseibia, Cap. 4, HS. Berlin 27 b, München 37 b,
letzterer bemerkt schon die Variante: Socrates; vgl. *Greenhill* im *Janus I,*
853, Flügel zu Hagi Khalfa VII, 820, 842; Chwolsohn, Ssabier II, 270) s.
die Literatur bei W. Rose, *Anecdota graeca etc.* I, Berlin 1864 p. 174. —
Die Stelle fehlt in meiner hebr. HS. und im Viaticum,

17 f. 521d), T(h)armadius (V, 1 f. 103a, 106a) und wohl auch
Theodogius und Theodosius, welche Fabr. (p. 432, 433) auf
einen Theodotius zurückführen möchte.

Puccinotti geht aber so weit zu behaupten (p. 325), dass man
aus dem Arzte „Jakob Damascenus" (!) bei Suidas (s. Fabr. p. 250,
252) einen *Janus Damascenus* gemacht, welcher eigentlich
Jahja Ibn Serapion, der Verf. des *Aggregator* sei, letzterer wieder
eine Bearbeitung der alten Ephodia, mit deren Hülfe Ibn ol-Dschezzar sein Buch verfasst, woraus wieder Constantin in seinen Ju-
gendjahren die griechisch erhaltenen Ephodia producirt habe!
Diese ans Abenteuerliche grenzende Hypothese, in einem Werke,
welches Daremberg (la Medicine p. 132) als eines der besten über
die Geschichte der Medizin bezeichnet, und angeknüpft an den
Namen *Jo. Damascenus,* der bereits vielfach missbraucht worden
und die Literaturgeschichte nicht wenig verwirrt hat, veranlasste
mich zu einer erneuerten Prüfung der Quellen, und das überraschende Resultat ist auch für die Characteristik Constantin's
nicht ohne Bedeutung.

Johannes Damascenus ist der Name eines heilig gesproche-
nen, griechisch schreibenden theologisch-philosophischen Schrift-
stellers (um 676 — 754). Schon frühzeitig ist ihm der bekannte
Roman „Barlaam und Josaphat" beigelegt worden, auf dessen
indischen Ursprung ich in einem für die hiesige Versammlung
der Orientalisten im J. 1851 bestimmten Vortrag aufmerksam gemacht, und welchem in der That eine Biographie Buddha's zu
Grunde liegt [21]). Ein alchymistisches Buch beginnt: *Joannes Damascenus Atheniensis (!) Theologus, velut alter Salomon naturas
rerum investigans, ... istum tractatum Salomonis de Arabico
in Chaldaeum postea in Graecum sermonem transtulit"* (Catal.
l. h. p. 2302; vgl. p. 1402). Dem Janus Damascenus wird auch
die Uebersetzung eines Buches über Hippiatrik beigelegt, welches
der indische „Hippocrates" zur Zeit des „Condisius" verfasst haben
soll, nachdem er wegen einer, durch den Neid eines Schülers er-
fahrenen Beschämung die Behandlung von Menschen aufgegeben.
Dasselbe übersetzte, nebst einem ähnlichen anonymen arabischen
(nach Pucc. p. 212, mit allen Kennzeichen der byzantinischen Pe-

---

[21]) Ueber die aethiopische, mehrfache arabische und hebräische Bearbeitung
dieses Volksbuches s. Hebr. Bibliographie 1860 S. 120.

riode), ins Lateinische ein, den hebräischen Literaturforschern
unbekannter [12]) *Maestro* Mose di Palermo, nach Einigen für
Roger von Sicilien (also im XII. Jahrh.); die daraus geflossene
italienische Bearbeitung aus dem XIV. Jahrh., in 45 und 31 Kapiteln, hat Ercolani in seinen *Ricerche etc.* (p. 64 ff., 306 ff., vgl.
p. 45 und 340) vollständig mitgetheilt [13]). Wenn die Historiker
hier für Janus Damascenus Johannes Mesue annehmen, so liegt
hierzu kein besonderer Grund vor, nachdem wir wissen, dass jener
Name in verschiedenen Richtungen der Pseudepigraphie benutzt
worden. Man hat aber jetzt, nachdem die arabischen Quellen näher
liegen, die Frage aufzuwerfen:

Giebt es überhaupt einen arabischen Arzt
Johannes aus Damask?

Die Lösung dieser Frage ist einigermaassen erschwert, seitdem
man zwei Autoren des Namens Mesue und ebenso des Namens
Serapion unterscheidet. Johannes Ibn Serapion der ältere aus
Baalbek, nach seinen Pandecten (*Kenasch,* vgl. Hagi Khalfa I, 128,
wo die Uebersetzung ungenau) auch *Aggregator* genannt, erhielt
zuerst durch Torinus (1543), der auch sonst sich Manches er-
laubte, den Namen *Janus Damascenus,* „weil er aus Damask war",
meint Sprengel (II, 379 ed. III, Choulant, Bücherk. S. 345, Haeser,
Gesch. I, 102); allein die Araber wissen nichts davon, weder el-
Kifti, noch Ibn Abi Oseibia. Ersterer hat unter Johanna (HS.
München f. 141) nur 2 Zeilen, es habe Joh. das meiste syrisch
geschrieben, ins Arabische seien die grossen Pandekten in XII,
die kleinen in VII Büchern übersetzt — von den arabischen Ueber-

---

[12]) Er fehlt auch bei Zunz, Zur Geschichte u. Lit. (Juden in Sicilien) S. 515.
[13]) Vgl. auch Heusinger, *Recherches de pathologie etc. p.* 33, und im Janus
III, 186. — Ueber den conjicirten indischen Verf. Scharak oder Schanak
und „Condisius" vgl. zur pseudep. Lit. S. 66 (und ein hebräisches Fragment
aus dem Buch über Gifte S. 88, vgl. Razi, Hawi XX Cap. 2). Zu vergleichen
ist ein italienischer *Tesoro* über Medizin und Chirurgie, angeblich nach
vielen jüdischen, griechischen und lateinischen Philosophen, mit einer Dedi-
cation vom Pseudo-Hippocrates: „*Ad le Giulio Agosto primo imperadore
de Romani io Ypocrates philosopho et medicho del Re Guidofano
d'India come tu sai quando venisti in terra d'Egitto per lo comune di
Roma, questo si è lo libro lo quale tu mi chiedesti. Ora te lo mando
per Diometrio mio famiglio etc.* (*Libri, Catalogue etc. p.* 134 *N.* 609;
HS. des XIV. Jahrh.).

setzern ist nicht die Rede, und es fragt sich, ob Casiri (I, 261 bei Hammer III, 273, und daher Meyer S. 236) diese Namen aus der HS. selbst entnommen? Ibn Abi Oseibia nennt im VI. Capitel ihn und den Bruder David, dessen Pillen übrigens im Antidotarium Cap. 6 (f. 78 c ed. 1525, vgl. Fabric. p. 136) angeführt sind, und als Uebersetzer noch Abu Bischr Matta. (Vgl. auch den Artikel von Flügel in Ersch u. Gr. II Bd. XXII S. 225 u. *Greenhill, a treat. on the small poxes p.* 166). Die hebr. Uebersetzung des Mose ben Mazliach aus Capua nennt den Verfasser Johannes ben Zakkaria (für Abu Zak.?) [13a]. Meyer (S. 236) hält es nur „für möglich", dass Joh. aus Damaskus sei, erkennt aber jedenfalls in dem Namen Serapion den Griechen. Verdächtig ist mir schon wegen des Namens „Scherabiun ben Ibrahim" (vgl. Pusey p. 588) die arabische HS. 598 bei Uri, welche Wüstenfeld (S. 49 § 99) aufnimmt, und um derenwillen er vielleicht den Namen „ben Ibrahim" angiebt, während man im Buche selbst stets „Abuhabram" — also Abu Ibrahim — findet. Uri selbst giebt schon an, dass in dem betreffenden Werke Razi angeführt werde! Dieses Werk beginnt, nach Excerpten, die ich vor etwa 10 Jahren erhielt, mit Cephalalgie, und zwar mit einem Citat aus Galen. Ich halte die ganze Ueberschrift für einen buchhändlerischen Betrug. — Den jüngern Serapion hält Meyer (S. 235, vgl. S. 150 gegen ein angebliches Citat des Constantin, u. S. 206) für einen im Westen lebenden Christen; zu den westlichen Quellen gehört auch „Salomo Eben Hahasen" (no. 79, 120, 260, s. Fabric. p. 390) d. i. Ibn Dscholdschol.

Unter dem Namen Joh. Damascenus sind ferner Aphorismen gedruckt, welche Sprengel unter beiden Mesue (II, 371, 445) unberücksichtigt lässt. Choulant (S. 337, 347) zweifelt, ob sie dem älteren Abu Zakkaria Jahja (aus Dschondischabur) angehören, weil sie auch einem der beiden Serapion beigelegt werden (und so Haeser I, 225). Von welchem Werthe die Autoritäten sind, welche das Buch dem Serapion beilegen, kann man u. A. daraus ersehen, dass in den folgenden, zum Theil noch dem XIV. Jahrhund. angehörenden HSS. *Merton* 225,[3] (p. 88 bei Coxe), *Oriel*

[13a] Vgl. *Catal. libr. hebr.* 2593. Was den von Mose genannten Uebersetzer betrifft, so sehe ich jetzt, dass die hebräischen Worte auch folgende Auffassung zulassen: übersetzt von Johannes (!) aus Cremona in Toledo.

61, 3 (p. 22), *Coll. Nov.* 164, 4 (p. 62), *Omn. An.* 72, 3 (p. 21),
als Autor *Jo. Dam. fil. Serapionis*, aber als Commentator Isidor
Hispalensis („*Ypponensis*" u. dgl.) erscheint! Coxe nimmt hieran
freilich keinen Anstoss, und der Index unter Jo., Dam. u. Mesue
ist unklar. Ein anonymer Commentar findet sich auch in Cod.
Canonic. 272 (p. 224), aber im Index p. 896 ist das Buch unter
dem Presbyter Joannes aufgeführt.

Man ist jedoch hier in der glücklichen Lage, jeden Zweifel
beseitigen zu können. Ein arabisch schreibender jüdischer Philo-
loge, der um 1060—80 in Toledo lebte [24]), Jehuda Ibn Balam, citirt
ausdrücklich aus dem „Buch der Aphorismen" des Ibn Maseweih
eine Sentenz, welche wirklich in dem gedruckten Buche steht, aber
in den mir vorliegenden Ausgaben 1489 u. 1497 (f. 149 d) wider-
sinnig mit einer früheren zusammengezogen. Die hebr. HS. München 43 enthält, wie ich im Archiv (Bd. 36 S. 373) mitgetheilt,
eine bisher unbekannte Uebersetzung mit der Ueberschrift: „Ermah-
nungen *(Haaroth)* über die Medicin, welche schrieb Johanna
ben Maseweih an Hanan (d. i. Honein) ben Isak, den Arzt, als
dieser aus seiner Lehre (oder Schule) schied." Von des Letzteren Uebersetzung der *Megategni* (im Hebr. „Kunst des Heilens"
= حيلة البرء) ist auch im Epilog die Rede. Dieselbe Ueberschrift hat das arabische *Newadir et-Tibbijje* in der Leydner HS.
Gol. 128, geschrieben in Toledo 1324 von dem Juden Josef ben
Isak Israeli [25]) und die HS. des Escurial (888,9), vielleicht ebenfalls zu Toledo 1424 geschrieben [26]). Ich erwähne dieses neben-
sächlichen Umstandes, weil daraus hervorgeht, dass das Werk selbst

---

[24]) *Catal. libr. hebr. p.* 2159; *Catal. Codd. hebr. Lugd. p.* 248, 316.

[25]) *Catal. Codd. orient. Lugd.* III, 229; vgl. Hebr. Bibliographie 1865. S. 139.

[26]) Der Schreiber von op. 2 ff., Garcia, Sohn des Johann aus Estrella, veran-
lasst Casiri (I, 316) zu der Bemerkung, dass die spanischen Christen noch
damals die arabische Sprache cultivirten (ein Joannes fil. Garciae Cordu-
bensis ohne Datum in Cod. 504, p. 147, Jo. Garzia übersetzt arabische
Pflanzennamen ins Lateinische in Cod. 789, Cas. p. 240). N. 1 derselben
HS. ist das interessante anonyme Werk eines toletaner Juden, über dessen
Inhalt und Bedeutung als erste „*medicina patria*" seit Hippocrates, s.
Morejon I, 87—9. Ich habe anderswo (*Jud. Lit.* § 22 A. 30) die Ver-
muthung ausgesprochen, dass der Verf. Samuel Ibn Wakkar („Aben
Huacar"), Leibarzt Alfons XI., sei. — Medizinische HSS. aus Toledo, welche
durch die Datirung oder sonst auf Juden und Christen hinweisen, s. bei

unter den spanischen Juden verbreitet war, Ich' habe anderswo [27])
bemerkt, dass die obige Sentenz auch im VI. Kap. des Buches von
Razi vorkomme, welches in derselben Ausg. u. d. T. *Liber rasis
de secretis in medicina qui lib. aphorismorum appellatur* gedruckt ist. Sie ist aber auch, nebst anderen desselben Capitels,
im Namen des Razi von arabischen Biographen angeführt; wenigstens fand ich sie bei Wüstenfeld S. 41, doch wohl aus Ibn Abi
Oseibia, und einige andere bei Ibn Khallikan (engl. Uebersetz. v.
Slane III, 319). Indem ich aber daran gehen wollte, die beiden
lateinischen Quellen mit der hebräischen zu vergleichen, fand ich
zu meiner Ueberraschung, dass das ganze VI. Kapitel des Razi
nur eine andere und nicht ganz vollständige Uebersetzung des Janus Damascenus ist! Dazu passt es einerseits vortrefflich, dass die beiden arabischen HSS. des *Secretum
artis* im Escurial (die erwähnte 888 und eine andere für einen toledaner Juden geschriebene N. 828, 2) nur fünf Kapitel haben, was
ich früher (*Catal. Lugd. p.* 321) für eine blosse Verschiedenheit
der Eintheilung hielt. Andererseits ist das sechste Kap. in der Vorrede ausdrücklich angegeben, also schon frühzeitig angefügt worden. In Bezug auf ein Citat bei Sprengel II, 399 über Charlata-
nerie beim Beschauen des Urins vgl. meine Mittheilung im Archiv
Bd. 36 und den Nachtrag. Als Beispiel des Verhältnisses der nun
zugänglichen 3 Uebersetzungen gebe ich die beiden Sentenzen in
der Anmerkung [28]). Es ist kein Grund vorhanden, die Autorität

Casiri 1, 248, 297 (Hebr. Bibliogr. 1861 S. 65), p. 273 n. 828, p. 284
n. 843; p. 296 n. 868. — Ich komme anderswo auf diese HSS. zurück.

[27]) Geiger's jüd. Zeitschr. II, 309, wo zu lesen ist: „nicht bloss .. sondern
auch".

[28])

Ja. Damasc.	Razi Cap. VI.	Hebräische Uebersetz.
Qui deditus omnino se-cularibus negotiis alias delictis [Glosse?] *ne-gligit fundamentum me-dicine philosophie: et artium doctrinarum non ei fides adhibenda est et maxime in ea.* [d. h. *in medicina!*] *ubi G[ale-nus] et Aristotiles con-*	*Qui ex scientia naturali et philosophia adiutus non fuerit nec ex cano-nibus logice. neque ex orizontibus [!] sapien-tiae. et in rebus secula-ribus delectatur. dubi-tabilis debet esse maxime in scientia medicine. Cum Gallenus et Aristoteles*	Aphorisme: Wer nicht spe-culirt über die Geheimnisse der Heilkunst und der phi-losophischen Wissenschaf-ten, und der logischen, und ethischen *(?) [und] ma-thematischen Wissenschaf-ten, und sich den weltlichen Genüssen zuwendet, der ist verdächtig, insbesondere in

der Aphorismen des Mesue zu bezweifeln. Aber von einem Geburtsort Damask wissen die arabischen Biographen Nichts, deren Nachrichten bei Hammer IV, 328, wenn auch ungenau, wiedergegeben (vgl. auch Meyer S. 114—6, 123, 140, 178, der Index ist übel geordnet). Ob das Werk *de proprietatibus* (od. *virtutibus) Alimentorum, Olerum, Fructuum, Carnium, Lactariorum, Partium Animalium et Seminum* (also specielle Diaetetik) des „Jahja Ibn Mesue", welches, wie Isak, mit *Triticum* beginnt, dem alten Mesue angehöre, wäre noch zu untersuchen. El-Kifti (bei Casiri I, 316) nennt ein *Liber de alimentis* und ein *Liber de Correctione alimentorum.* Razi (Hawi V, 1 f. 106b) citirt einen *liber nutricationum.*

Ein ungelöstes Räthsel ist aber noch der s. g. jüngere Mesue, dessen Spur in echt arabischen Quellen bisher nicht aufgefunden worden, und es liegt wohl die Vermuthung Choulant's (S. 352, vgl. Haeser S. 235) sehr nahe, dass ein jüngerer Arzt den Namen des älteren benutzt habe. Auf die angeblichen biographischen Nachrichten des berüchtigten Leo Africanus ist gar kein Werth zu legen (s. Meyer S. 178 ff., vgl. S. 383). Die unter dem Namen Mesue in Catalogen verzeichneten Handschriften in verschiedenen Sprachen bedürfen noch genauer Untersuchung, und ich muss mir ein specielleres Eingehen für eine andere Gelegenheit vorbehalten [29]). Hier soll nur so viel in Betracht kommen, als zur Bezeichnung „Damascenus" nöthig ist.

| *cordant* [fehlt Etwas] *ubi discordant difficile verum invenitur.* | *fortasse in re aliqua non concordarent, grave est eorum rationem concordare (!).* — Richtiger bei Wüstenfeld. | der Heilkunst. Aphorisme: Wenn [Arist. und] Galen in Etwas übereinstimmen, so ist das die Wahrheit; wenn sie aber differiren, so wird die Wahrheit dem Verstande sehr schwer. |

Der Hebräer hat offenbar die beste Lesart. Ich habe das ungewöhnliche Wort *jissurijjot* mit „ethisch" übersetzt, weil Logik, Ethik und Mathematik nach der arabischen Encyklopädik die Vorbereitungswissenschaften (رياضيات) der Philosophie. Es könnte auch *jesodot* emendirt und „mathematischer Elemente" übersetzt werden, wenn nicht gar *jissurijjot* selbst mathematische bedeutet, und durch *limmudijjot* erklärt ist; vgl. *Jewish Literature p.* 351.

[29]) Im Allgemeinen verweise ich auf meinen *Catal. Codd. hebr. Lugd. p.* 247—51.

Sämmtliche bisher bekannte hebräische Handschriften, von verschiedenen Uebersetzern herrührend, sind erst aus einer lateinischen Uebertragung geflossen. In einem oder mehreren pariser Codd. ist von einer Eintheilung in sechs Bücher oder Werke die Rede; allein die letzten vier sind, nach dem neuen pariser Catalog (1866 p. 216) chirurgischen Inhalts, und wohl identisch mit der von „Ferrarius" (d. i. Feragius) übersetzten* Chirurgie in V Büchern (s. die Abhandl. über Donnolo § 4); eine Abhandl. *de Phlebotomia secundum Jo. Damascenum* enthält die HS. *Exon.* 35,²⁸ (p. 14 Coxe). Ueber das Verhältniss der übrigen Bücher wird man aus dem pariser Catalog nicht klüger als zuvor, und es scheint, als ob die Anordnung von Abschreibern, Uebersetzern und Editoren willkürlich geändert worden (s. Meyer S. 181 und das ausdrückliche Bekenntniss des Abschreibers einer HS. in Cesena, bei *Muccioli*, Catalogus Biblioth. Malat. p. 5 Plut. 1 Cod. 2). Das erste Buch der Pariser HS. (auch eine anonyme HS. des Buchhändlers Netter n. 29, welche ich vor etwa 12 Jahren excerpirt habe ³⁰) und wohl auch die HS. in Lewarden) ist offenbar identisch mit dem, welches in den lateinischen Ausgaben mit dem 1 Cap. der 4 Summe der zweiten Partikel (von 3 Partikeln) abbrechend, als 2. Theil des Antidotarium figurirt, und von Choulant (S. 353) als *Practica* bezeichnet wird, während im pariser Catalog das Antidotarium als zweite Abtheilung des zweiten Buches oder Werkes bezeichnet wird. Die Practica gehört aber jedenfalls hinter das Antidotarium („Grabadin"), auf welches ausdrücklich an mehren Stellen verwiesen wird (IV, 1 f. 232 a: *Exoleis ... in majori Grabadin plura scripsimus .. et ex purgantibus etiam materiis illic ...*; 233 b: *scripsimus illud in Grabadin medicinarum universalium;* 2, II, 2, 260b: *De iacur et de diacodion dictum est in grabadin nostro,* wo? P. 1, IV, 23 f. 229 d: *Confectio anacardina, quam diximus in antidotario;* s. f. 116a). Auch auf die *Canones* wird verwiesen, z. B. V, 16 f. 242 c zweimal.

Uns interessirt hauptsächlich das Werk über purgirende Heilmittel, welches in den lateinischen Ausgaben voransteht und in zwei Abtheilungen zerfällt, einen allgemeinen (*Canones etc.* in

---

³⁰) Sie ist, ohne nähere Bezeichnung, angeführt im *Catal. Lugd. p.* 146.

4 Theoremen, auch zum Antidotarium einleitend) und einen besonderen (*de simplicibus*, in 2 Abth. 24 u. 30 Capp.), deren Titel wieder variiren. Meyer (S. 181) behauptet, Wüstenfeld [S. 63 n. 125] mache „daraus zwei verschiedene Werke, denen er, doch wohl etwas zu keck, sogar arabische Titel gebe." In der That war Wüstenfeld mindestens so genau als Meyer, welcher eben auf S. 179 behauptet hatte, dass Ibn Abi Oseibia [nach welcher Quelle?] unter den Werken des älteren Mesue auch „die Titel der Werke aufführe, die wir von dem jüngern besitzen". Aber weder el Kifti noch Ibn Abi Oseibia nennen das Antidotarium! Wüstenfeld hat nichts anderes gethan, als zwei Titel unter dem älteren Mesue (S. 23) weggelassen, und unter dem jüngern angeführt — freilich sind seine Worte S. 23: „obgleich sie von den Arabern dem älteren .. *unter den nachstehenden* [Werken] zugeschrieben werden" zweideutig und haben Meyer irre geführt. Jene zwei Titel lauten übereinstimmend bei el-Kifti und Ibn Abi Oseibia (bei Hammer IV, 334 n. 15 u. 29): Buch der purgirenden Heilmittel und Buch der Verbesserung (im latein. auch *„consolatio"* oder *castigatio*) der purgirenden Heilmittel; hingegen citirt der erwähnte Pariser Catalog S. 209 aus der pariser HS. des Oseibia: „Buch der Zusammensetzung der p. H., ihre Verbesserung, und die Peculiarität [oder Wirkung] jedes einzelnen Mittels und seines Nutzens." Dieses Werk, nebst dem Antidotarium, ist u. A. von einem, sonst unbekannten S a m u e l b e n J a k o b aus C a p u a [31]) ins Hebräische übersetzt worden, und zwar aus einer Uebersetzung, welche „vor Kurzem in der Stadt *Mizrajim* gemacht worden." Unter Stadt Mizrajim wäre etwa Kahira zu verstehen, und da Constantin im Viaticum als „Memphita" bezeichnet wird, so war ich auf die Vermuthung gekommen, e r k ö n n t e d e r b i s h e r u n b e k a n n t e l a t e i n i s c h e U e b e r s e t z e r d e s B u c h e s s e i n. Merkwürdiger Weise findet sich grade ein Werk über Purgativa in einer griechischen Uebersetzung, welche als Autor den heiligen Jo. Damascenus bezeichnet. Eine Wiener HS. erwähnt Fabricius XIII, 257. Die Ueberschrift lautet in der von Coxe (*Catal.* T. I p. 539) und Daremberg (Not. p. 59) beschriebenen HS. Laud 59 aus dem

---

[31]) Dass er Leibarzt Carl's II. (reg. 1289—93) gewesen, scheint in der That eine Erfindung Carmoly's, wie ich im *Catal. Lugd. p.* 249 vermuthet, da der pariser Catalog Nichts davon weiss.

XV. Jahrh.: *περὶ τοῦ συγγραμματος τοῦ ἐν ἁγίοις πατρος*
(bei *D. πρός*) *ἡμῶν Ἰωάννου Δαμασκηνου, τῶν κενωτικῶν*
φαρμακων. Eine ähnliche Ueberschrift hat auch das Fragment
der pariser HS. 2239 (Daremb. p. 73); das hinzugefügte *καὶ τὴν*
φύσιν (sic) etc. schliesst sich noch näher dem hebräischen Titel
an. Die Angaben bei Bandini III, 144 habe ich noch nicht vergleichen können. Daremberg bemerkt, dass das Werk, in welchem
Hippocrates und Galen citirt werden, und worin man die Proben einer
grande credulité finde, in sechs *τμήματα* getheilt sei. Ein Hin-
weis auf das lateinische Buch ist nicht gegeben. Die Ueberschrift
leitet er aus einer Confusion mit „Jahja ben Serabi“ [diese gemachte Form für *Serapion* verwirft Meyer S. 236 mit Recht], dem
Verf. der Pandecten ab, im Viaticum sei diese Confusion eine dop-
pelte, indem Serapion für Mesue genommen sei. Die letzte An-
nahme ist unnöthig. Der Verfasser heisst in der lateinischen Uebersetzung *fil. Hamech fil. Hely fil. Abdela regis Damasci.* Dass
„Hamech“ nur „Ahmet“ sei, nicht etwa Hakim [32]), beweist zum
Ueberfluss das hebr. Citat im Leydner Catalog p. 248, wo ich auch
selbstständig auf die Conjectur „Abd el-Melik“ gekommen, welche
Meyer S. 180 vorschlägt, indem er sich wundert, dass bisher Niemand darauf gekommen. Man muss freilich dann auch *Damasci*
in *Damasceni* verwandeln. Auffallend bliebe es immer noch, dass
sich eine solche detaillirte Abstammung nur in der unbekannten
Urschrift des erwähnten Werkes erhalten haben sollte. Darf man
etwa daran denken, dass der heil. Jo. Damascenus (geb. um 676)
durch die Khalifen erzogen sein soll, doch wohl durch Abd el-
Malik, der 685 zur Regierung kam? Man erinnert sich unwill-
kürlich an die Bezeichnung des Juden Isak als *filii adoptivi Sa-*
lomonis regis Arabum, wo der Vater zum König gemacht wird

---

[32]) Vielleicht hat Leo Africanus durch Hamech Veranlassung genommen, den
Mesue zu Hakim nach Kahira zu senden? — Wenn Hamech den Namen
Muhammed vertritt, so kann das nur aus einer, schon im Arabischen
selbst nicht seltnen Verwechslung abgeleitet werden. Daher „Hamech fil.
Zachariae“ bei Mesue (Antid. I f. 98c Pract. P. 1, V, 4 f. 239d, VII, 5
f. 247b; P. 2, I, 3 f. 260b) auch „Hamech Arasi“ (2, I, 4 Anf., f. 260d,
Cap. 5 f. 262a). Fabricius XIII, 174 hat sich an den Vornamen gehalten
und Razi mit dem fil. Zezar etc. (vgl. oben S. 366) vermengt. Eine Parallele
ist Haamech Sohn des David, identisch mit Abohanifa bei Serapion (Fabricius S. 21, 43 unter Ahamet), vgl. Meyer S. 165.

(*Catal. l. h. p.* 1115). Als Christ wird aber unser Autor ausdrücklich bezeichnet; das Wort *Nafrani,* welches Coxe (unter Cod.
Coll. Novi 168, p. 64 des Catal.) mit *sic* bezeichnet, ist wohl
Nasrani (= *Nazarenus*) zu lesen, und in derselben HS. auch
Calbdei verschrieben oder verdruckt für *Calldei,* d. h. des Sy-
rers. Die oben erwähnten Namen passen aber sehr wenig für
eine christliche Familie. Ich verlasse daher das Feld der Conjec-
turen, um so lieber, als ich auf ein wichtiges Factum hinzuweisen
habe, welches unbeachtet geblieben scheint. Man liest nemlich im
Hawi des Razi I, 4 f. 8 d: *Filius Mesue in libro medicinarum mundificantium dixit quod confert multum oblivioni
esus sinapis etc.,* ich finde diese Stelle weder unter den einfachen
Heilmitteln, noch in der Practica IV, 23 (*de diminutione memo-
riae* f. 229 c), wo andere Mittel, meist aus Razi, fil. Zezar, fil.
Girges, Haly [doch wohl Ibn Abbas oder Ibn Ridhwan?], dann
Medicamen nostrum expertum. Bei Razi II, 4 f. 44 d [33]): *Fil.
Mesuey in lib. m. m. usus rerum facientium obscuritatem visus
sunt multa comestio lactucarum, lenticularum* .. Die Stelle wäre

[33]) Fabricius XIII, 160 hat diese Stelle unter einer der vielen Namensformen,
welche hier folgen mögen. — Was Kühn in seinen *Additt.* zu Fabricius
(9 Programme Leipz. 1830 — 2, verzeichnet bei Choulant S. 334) über die
unzähligen, zum grossen Theil nicht erkannten identischen Namen in den
Citaten aus arabischen Aerzten heranbringe, ist mir unbekannt, ich wünschte
aber, zu einer kritischen Sichtung, dieselben benützen zu können;
die k. Bibliothek besitzt nur einzelne Hefte, die ich noch nicht verglichen
habe. — Also identisch sind: Aben Mesehah, Meseacha (p. 20) Bimasui,
Bimmasui (102), Bimmasim (103), Emmasuy (148), Filius Masuy
oder Filius Mesague (160, Fabricius verweist auf Gabriel fil. Ma-
saugue [S. 162], dessen Pillen bei Ibn Serapion VII, 17 Ende, = G. fil.
Maginsui im Hawi III, 3 f. 58 b, ein Gabriel ben M. ist aber nicht bekannt,
und ist wohl der bekannte Syrer ben Bokht-Jeschu gemeint, bei Fabr.
S. 162 — 3 und sonst unter B. etc.), Filius Mesue, Mesuey, Messe,
Musney, Musey (160), Joann. bismalue (XXI, 5 § 276), Yhia [für
Jahja] Bimmasin (453), wie Yhiagran.(*sic*)aticus V, 1 f. 107 b für Jahja
Grammaticus, d. i. Philoponus; vgl. XXI, § 294 Johannes u. Grammaticus
bei Ibn Serap. *Antid.* (Fabric. p. 172) etc.; also ist Ysaac bimassa XXII
§ 325 zu emendiren oder fehlt *et.* — Ich habe vielleicht noch einige Schlag-
wörter zurückgelassen, die hieher gehören, aber bereits denen sehr nahe
stehen, welche aus Masergeweih entstanden sind, z. B. bei Fabricius
p. 323 ff. Maserice u. dgl. — Der im Hawi V, 1 f. 104 d angeführte *über
laxationis* ist identisch mit *de diarrhoea* bei Wüstenfeld opus 15.

wohl in den Canones zu suchen? In der Pract. V, 16 f. 242 b
de debilitate visus ist Nichts davon zu finden. Ferner III, 1,
f. 496: *De lib. m. mundificativ. pro* (d. h. von) *bimassy ad dolorem
aurium etc.* Wahrscheinlich gehört auch hierher: *Bimasuy de
mundificativis pro singultu etc.* V, 1 f. 106 d oben; „*Liber medicinarum laxativarum*" (z. B. XIII, 10 f. 280 d), schwerlich das
Buch des Galen, da ausdrücklich fil. Mesue genannt wird (z. B.
XXI, 1 § 130); jedenfalls *de corrigendis laxativis* (VI, 1 f. 119 a,
124 d). Man sieht hieraus, dass das Buch des Mesue zur Zeit
des Razi noch zugänglich war, wenn die Citation nicht etwa eine
mittelbare sein soll. Unter den unzähligen Anführungen aus Mesue im Hawi, welche verhältnissmässig selten von der Angabe des
Werkes begleitet sind, dürften manche hierher gehören; vielleicht
finden sich auch Citate des Werkes ohne unmittelbare Angabe des
Autors, wie sich diess von anderen Schriften Mesue's mit Sicherheit nachweisen lässt, theils aus Stellen, wo Mesue als Autor angegeben ist, theils aus der Vergleichung mit den Verzeichnissen
der arabischen Bibliographen; freilich sind letztere, wie ich glaube
zum Theil aus den Citaten in Razi geflossen, die sich, bei der
misslichen Beschaffenheit des Buches, und namentlich der lateinischen Ausgabe, nur mit grosser Vorsicht verwerthen lassen [34]). —

[34]) *De complemento et perfectione III,* 1 *f.* 50 *c*, *III,* 3 *f.* 56 *b*, Cap. 6 f. 65 *c*;
de perfect. et complem. III, 7 *f.* 69 *b*, *V,* 1 *f.* 101 *c*, 103 *d*, 109 *a*, *VII,* 1
f. 142 *a* u. wohl noch oft; auch bloss *de complemento* (bei Fabr. p. 102),
de complemento et fine (Fabr. p. 160 auch I, 1 f. 4 *a* und *d*), ist التمام
والكمال bei el-Kifti, wofür Casiri (I, 316) *Ars perfecta et integra* (Wüstenfeld op. 5: *Perfectum et integrum*) *de Pharmacopoea* (diese Bezeichnung
hat der arab. Text nicht! vgl. Hammer IV, 329 n. 3, S. 334 n. 3), bei
Ahmed nur كتاب الكمال (Dugat p. 332). Ich vermuthe daher, dass
كتاب الكامل bei den arabischen Bibliographen (Casiri, Wüst. n. 13 *Perfectum* mit Beifügung hebräischer Handschr. in Paris, welche die Werke des
jüngeren Mesue enthalten; Hammer S. 329 n. 14, S. 334 n. 4) auf einem
Schreibfehler beruhe, der vielleicht durch das so betitelte Buch von Ali ben
Abbas begünstigt war. — Aus dem Buche *de febribus* hat schon Fabricius
p. 102 Nachweisungen gegeben. Die hebr. HS. 366, 3 des Vatican soll „über
die Ursachen der Fieber", aus dem Lateinischen mit dem Commentar (?) des
Petrus Hispanus hebräisch von Todros ben Mose enthalten (vgl. Wolfius, Bibl. hebr. I p. 468); ich habe im Catalog der Leydner HS. dieses
Werk mit der Practica conjicirt; es scheinen mir jedoch die Angaben

·Ahmed Ibn ol-Dschezzar kennt keinen Damascener, er citirt Jahja oder Johanna ben Maseweih, und man braucht das erste nicht mit Dugat (p. 331) dem Abschreiber als Irrthum zur Last zu legen; es ist nur die Substitution des arabischen für den syrischen Namen, wie wir „Johannes" schreiben; und wenn Dugat p. 332 bemerkt, dass kein Werk des Jahja von Ibn Abi Oseibia (der einen Jahja gar nicht nennt, nach p. 331) erwähnt sei, so soll das heissen: von Ahmed.

Kennen die älteren Araber also gar keinen „Damascener"? Auf diese Frage glaube ich mit ganz neuen Aufschlüssen antworten zu können, zu welchen ich eben im Laufe meiner letzten Untersuchungen gelangt bin, und darf ich wohl die Nachsicht des

Assemani's über die Stücke dieser HS. so unzuverlässig, dass man nur aus Autopsie eines Bessern belehrt sein kann. — Die nachfolgende Rectificirung sämmtlicher Quellen mag als Beispiel dienen, von welchem Nutzen eine richtige Verwendung des Hawi sein kann. Casiri I, 316 nennt eine *Epitome* und *De Catarrhi cura* (!) für Almaamun; Wüstenfeld S. 23 unter 8 *Pandectae*, 12 *Catarrhi cura*, wie Casiri; obwohl dessen Text nur die Bedeutung Heiserkeit zulässt. Hammer IV, 329 n. 7 „der baumartigen (?) (Moschedscher) Pandecten, in grossem Werthe, 11. Buch der glücklichen Erfolge (Nedscháh) — richtiger *du succès* bei Dugat, p. 332 — 12. der kleine Kenasch (Pandekten)." Hammer hat den vollständigen Text des Kifti (auch HS. München f. 141 *b*) nicht verstanden; *moschedscher* heisst, vielleicht mit Rücksicht auf den *s. g.* Porphyr'schen Baum, tabellenartig abgetheilt, und überhaupt in Abschnitte getheilt. Mesue's grosse Pandecten waren so beschaffen, die kleineren waren dem Khalifen Maamun gewidmet; letztere sind also bei Razi gemeint: *in aggregatorio non capitulato* (XVI, 2 f. 339 d), *in congregationibus non capitulatis* (XVII, 5 f. 355 d, wo *dominus congregationum* der Verfasser der Pandecten); vgl. *inveni in lib. de congregationibus fl. Mesue* (das. I, 1 f. 4 a). Identisch sind vielleicht auch die *Summae* (das. IV, 2 f. 78 c, d; *de summa còi* V, 1 f. 108 a, weiss ich nicht zu deuten). Ferner scheint weder „Heiserkeit" noch „Erfolg" der richtige Titel, sondern „der Erfolgreiche", *el-mundschih* (ein *n* ist in Handschr. sehr leicht zu übersehen); Razi citirt nemlich *mungih, elmongeh* (und mit Weglassung des Nasalzeichens) *elmogeh*, auch *elmogih* (VI, 1 f. 100 d, unten, 106 c, III, 1 f. 49 b, XXV, 11 f. 516 c, und anonym Cap. 16 f. 519 c, VIII, 1 f. 170 a). Sollte etwa *Mengeh* bei Abu Mansur (Meyer S. 40) nicht Autor (vgl. zur pseudep. Lit. S. 66), sondern Titel sein? Fabricius p. 148 hat Elmongeh als Autor; aber VII, 1 f. 141 c liest man: *De libro elmongeh mirabili et precioso. Bimmasay: pulvis etc.*, und VIII, 1 f. 174 c: *Elmogih. Bimmasuy dixit etc.!*

Lesers für eine ins Einzelne gehende Darlegung in Anspruch neh-
men, in der Hoffnung, dass sie zu noch weitern Forschungen an-
regen werde.

„Mesue" erscheint in arabischen Quellen nur als Sohn des
Maseweih, was durch Bin, in der Zusammenziehung Bimma —
u. dergl. ausgedrückt ist. Wir finden aber einen allerdings
ähnlichen, und daher vielleicht zur Verwechslung veranlassenden
Namen, der nie von einer solchen Bezeichnung begleitet ist. Fabricius (XIII, 336, 339) hat einige Variationen aus Razi und Serapion (de simpl.) verzeichnet, er wusste aus denselben nicht
einmal mit Sicherheit einen und denselben Autor zu machen, und
kein Historiker hat sie meines Wissens beachtet, obwohl die weitere Verfolgung für eine, auch in neuerer Zeit vielfach ventilirte
Frage, nicht ohne Interesse ist.

Die richtige Namensform wäre, wie ich nachzuweisen hoffe:
Mesih; dennoch ist selbst Mesih nur isolirt, am meisten erscheint Misih, und zwar bei Razi, von Anfang bis Ende des Hawi,
so oft, dass man aus einer vollständigen Zusammenstellung ein
Urtheil über einen der ältesten arabischen Pharmaceuten und Aerzte
gewinnen würde. Ich verzeichne nur beispielsweise einige Stellen
aus dem Anfang: III, 1 f. 49 d, III, 3 f. 58 a, Cap. 6 f. 65 d, C. 7
f. 67 a, IV, 1 f. 76 c, C. 4, V, 1 f. 102 d, 108 b, IX, 4 f. 196 d
(faciunt obstetrices fumigia mulieribus), X, 1 f. 209; besonders
häufig in den Büchern XXI — XXIII über einfache Heilmittel [35])
und noch zu Ende des Buches XXV, 24 f. 526 a. Andere Formen
sind: Misith, Misic (XI), Misus und Misusan (s. unten),
Migisih (VII, 1 f. 141 d, bei Fabr. p. 338 Migisib), Misdasan
(III, 4 nach Fabr. 339, kann ich nicht finden), Musayh (§ 340),
Museia (II, 1 u. § 230), Museya (II, 1 u. 208), Musiah (650),
Musih (IV, 3 f. 90 u. § 324), Mibah (384), Miuh (bei Fabric.
S. 340 aus IX, 1, finde ich nicht). Aus Razi sind wahrscheinlich
die Citate bei Serapion geflossen, wo Uebersetzer, Abschreiber und
Drucker folgende Abformen hervorgebracht haben, die ich in der

---

[35]) Ich citire mit der Bezeichnung § aus diesen Büchern die fortlaufenden
Nummern der Artikel oder Paragraphen in der Ausg. 1506; die erste Ausgabe Brixiae (d. h. Brescia, nicht „Brixen", wie Haeser und Meyer haben)
ist unrichtig eingetheilt (Meyer S. 169).

Ausgabe 1525 selbst naehgeschlagen: Meseha (66, 151, 199, 202), Mesenah (110), Meseal (116), Meseah („et Rasis" 225), Mesea (140), Meseahen (161), Mesehah (246, 348), Mesehach (251); Fabricius (XIII, 336) hat aus denselben Stellen zum Theil andere: Meseac, Mesen, Meserach, Meserache, vielleicht aus anderen Ausgaben, vielleicht Druckfehler — welche wohl auch in der gegenwärtigen Zusammenstellung nicht ausbleiben und die Varianten noch vermehren werden! Ich übergehe auch hier die Abformen, welche möglicher Weise aus Masergeweih entstanden sind; wie ich z. B. glaube, dass „Mesirocha" im alten Ibn Serapion VII, 17 f. 81 c (ed. 1525) dahin gehört; das *r* ist hier fast stets ein sicheres Kennzeichen. Auch Mesias bei Avicenna V, 2, 2 (Fabr. p. 336) gehört vielleicht hierher. Ungenaue Citationen scheinen z. B. „Misusa dixit Masargui etc." (XXIII f. 764), Bimasui [et?] Misib etc. (V, 1 f. 101 d), wenn nicht der zweitgenannte von dem ersteren angeführt ist?

Welches sind nun die Schriften dieses, jedenfalls nicht unbedeutenden Autors? Eine Schrift *de cura obstetricum* oder *de obstetricibus,* oder *lib. obstetricum* wird unter dem Namen Misus und Misusan angeführt IX, 4 u. 6, f. 195 d, f. 202 d, 204 a, vgl. noch X, 1 f. 212 a, XII, 2 f. 215 d, 217 d, und oben aus Misib. Dem Mesue werden zwei Schriften beigelegt, deren Titel bei Casiri (auch Wüstenfeld n. 18, 24 hat den Text nicht zu Rathe gezogen) verkürzt und verdreht wiedergegeben, richtig bei Hammer IV, 329 n. 19, 25, S. 334 n. 20, 27, nemlich: Warum die Aerzte schwangeren Frauen in einigen Monaten der Schwangerschaft keine Medizinen geben, und Mittel für Frauen, die nicht schwanger werden. Es ist kein genügender Grund vorhanden, eine Confusion zu vermuthen.

Auch aus einer *summa,* oder den *summis,* des Misih citirt Razi (XI, 3 f. 225 a, IX, 1 f. 186 c), und zwar *de summa misih* **damasceni** (X, 2 f. 214 b), vollständiger: *in summa medicinarum* (§ 340 f. 440 a). Wir haben gesehen, dass auch von *summa* des Mesue die Rede ist. Aber *summa* ist nicht ein Titel, sondern eine Gattung, und kommt namentlich bei Razi sehr häufig für die summarischen Bearbeitungen oder Compendien der Bücher Galen's vor, wie sie von den Alexandrinern bearbeitet, von Honein arabisch und daraus wieder hebräisch übersetzt, sich erhalten haben [36]). Ob derselbe Ausdruck mit dem für Pandecten (*Kenasch*) promiscue gebraucht worden sei, möchte ich nicht entscheiden (vgl. Hagi Khalfa I, 128). Beide Formen scheinen die ältesten in der arabischen Medicin, nachdem mit den Pandecten Ahron's durch die Uebersetzung des Juden Masergeweih der Anfang gemacht worden.

Ein Citat aus Misih (IX, 6 f. 204 d) scheint mit den Worten zu schliessen *ei juxta quod in antidotario magno est*. Verweist Misih hier auf sein eigenes Werk? Razi nennt bei Citaten aus *Antidotarium* schlechtweg verschiedene Autoren z. B. Johannitius d. i. Honein (Fabr. p. 301, vgl. Onan, Onen bei Fabric. p. 353), Hobeisch, dessen Neffen (unter den Abformen: Hobays, Hobeys, Hobes, Hores, Hobex, Hebes, Hebosi, Habix, Abix, Abes bei Razi und Serapion, s. Fabric. p, 21, 175, 248, 352, und *Ubesce in antidotario suo majore* I, 1 f. 3 c; vgl. f. 3 d, Fabric. p. 444) und *de antidot. majore* anonym (z. B. VI, 1 f. 126 d); man ist also, in einzelnen Fällen wieder auf die Combination mit einem vorangebenden Autor angewiesen; wie z. B. *lib. aceribadani* (III, 3 f. 56 b), *de gerabadino antiquo* (IV, 3 f. 89 b), *de agrabadino magno* (V, 1 f. 101 c) [37]), *antidotarium antiquum* (IX, 4 f. 196 b), *de aggreganti* (VII, 1 f. 142 a). Wenn Misih nicht selbst Verfasser des grösseren Antidotarium, so wäre fast zu schliessen, dass er jünger sei als Hobeisch, s. jedoch weiter unten.

Wir haben gesehen (S. 387), dass Misih auch *damascenus* heisst. Das führt uns auf die Anführungen eines Damascenus (auch abbrevirt: „Damas., Dama.") bei Razi, z. B. V, 1 f. 101 d, VII, 1 f. 142a (unmittelbar hinter Misih *de medicinis compositis propriis cordi*), X, 2 f. 216 c (dann Zabri = Tabri, und Misusan, aber f. 216 c Misih), namentlich in der Heilmittellehre z. B. § 41, 60, 160, 268, 294, 343, 371, 434, 500, 546, 587, 600, 626, 665, 699

---

[36]) In der Münchener arab. HS. 806 (Catalog Aumer's 1866 S. 354) wird der Hawi selbst als ein Werk nach Art der alexandrinischen *Dschawami'* [hebr. *Kibbuzim*] bezeichnet. Auf dieses Thema komme ich anderswo zurück. Vgl. auch *lib. congregationum facientium colliria:* II, 1 f. 27 d.

[37]) Vgl. *De agrabadino vel antidot.* Binsahfi (V, 1, f. 99 b, unten S. 394). — Das griechisch-arabische Wort *Akrabadsin*, wohl mit $\alpha\chi\rho\iota\beta\epsilon\iota\alpha$ zusammenhängend, ist meines Wissens noch nicht genügend erklärt.

(f. 466 a), 703, 704, 729, 740, 752, 755, 767, 826, 837, bei
Serapion z. B. 107, 222, 256. Fabricius verweist auf Joh. Damascenus, und scheint ihn wohl mit Mesue zu identificiren. Er
hat aber übersehen, dass auch ein *Christianel(l)us Damascenus* bei Razi (XX, 2 f. 41 b, XXI § 139) oder bloss Christianellus
(§ 6, 18), oder Christianus (§ 232 u. daher bei Serap. 282) angeführt werde. An Nicolaus Damascenus ist hier nicht zu denken [38]). Ich vermuthe daher, dass Mesih das arabische Wort
ist, welches Christus bezeichnet, und dass ein arabischer Christ
dieses Namens aus Damaskus gemeint sei. Einen solchen gab es
in der That; sein wirklicher Name war Isa ben al- (d. i. Jesus
Sohn des) Hakem aus Damascus, und Ibn Abi Oseïbia (VII, 10
bei Nicoll, *Catal.* II, 132) fügt zu dem Namen hinzu „er ist der-
jenige, welcher *Mesih* genannt wird" — wofür Wüstenfeld S. 133
nur: „genannt Mesih d. h. Christ" setzt. Wenn aber meine Auffassung richtig ist, so hat diese Bemerkung einen prägnanten Sinn,
und weist darauf hin, dass Isa es sei, welcher schlechtweg als
Mesih citirt werde, und zwar im Sinne von Jesus, da es sonst
wohl mit dem Artikel und in der relativen Form *al-mesihi* heissen müsste, wie z. B. bei Abu Sahl Isa, Lehrer des Avicenna, Abu'l
Kheir Ibn Atthar (Wüstenf. § 202). Vater und Grossvater (letzterer nur als „Vater des Hakem" bekannt) waren Aerzte in Damaskus. Kifti und Ibn Abi Oseibia haben ihnen kurze biographi-
sche Artikel gewidmet, welche Hammer (u. zw. Isa III, 287 n. 1236
und wiederum IV, 335 n. 2464) sehr ungenau wiedergegeben; von
„Mesih" weiss er nichts. Auch unter andern Schlagwörtern erwähnt Kifti des Isa, wie ich nachträglich finde, z. B. unter Abu
Koreisch (vgl. Hammer III, 273); ich bin im Augenblick nicht im

---

[38]) Unter Nicolaus vermuthet Fabr. p. 348 den Myrepsus; man liest aber bei
Razi XI, 4 f. 228 d: *Nicolaus de philosophia Aristoteles dixit*, und IX, 4
f. 197, 1: *N. Philosophus*; also ist auch § XXV, 2 Ende (f. 504 c) der
Philosoph und bekannte Verf. des Buches der Pflanzen gemeint, auf welchen
ich anderswo zurückkomme. Die beiden letzten Stellen hat auch E. Meyer
(*Nicolai Damasceni de plantis, Lips.* 1841 p. XVII) nicht, sie werden wohl
auch nicht die einzigen sein. Den 2. Band der Gesch. der Botanik kann
ich im Augenblick nicht vergleichen. Die Behauptung Röpers (*Lect. Abulf.*
p. 3), dass im Buche des Nicolaus nur das Hebräische die Verwandlung
von Empedocles in *Abrucalis* erklärlich mache, ist unrichtig, da auch ara-
bisches *r* und *d* in Handschriften oft genug verwechselt wird!

Stande, die Sache zu verfolgen. Ich lasse das angebliche hohe
Alter des Grossvaters, welchen schon Ibn Abi Oseibia einen Christen (*nasrani*) nennt, dahingestellt, der zu den frühesten Aerzten
des Islam gehören soll, und entnehme nur aus el-Kifti (HS. München f. 73, 97, Berlin f. 77, 102) folgende Daten: Hakem starb
in Damask, während Abdallah ben Thahir dort war, im J. 210
(825) [39]), und zwar, nach der Mittheilung des Arztes Ajub an Abdallah, 105 Jahr alt; so dass letzterer bemerkte, Hakem habe grade
die Hälfte der Zeitrechnung gelebt. Ferner erzählt Jusuf ben Ibrahim, dass er den Isa in dessen Wohnung in Damask (Hammer
S. 287 substituirt Bagdad!) im J. 225 (839/40) besucht habe u. s. w.
Isa bemerkte ihm, was in Irak schädlich, sei in Damask zuträg-
lich. Kifti erwähnt Nichts von Schriften, aber Ibn Abi Oseibia
(HS. Wetzstein II, 323 f. 112 b) setzt gleich hinter den Namen:
„Verfasser der grossen Pandecten (*al Kenasch al-Kebir*),
nach welchen er gekennzeichnet wird (*ju'raf bihi*), und
welche ihm beigelegt werden." Also ist Misih der „Verfasser der
grossen Pandecten" $\varkappa \alpha \tau$' $\dot{\varepsilon} \xi o \chi \dot{\eta} \nu$. Am Schlusse des Artikels, der
grösstentheils dem Kifti entnommen scheint, wird nur noch ein
Buch „über die Nutzen der Thiere" (*Menafi' l-'Haiwan*) angeführt.
Ein anonymes Compendium dieses Titels erwähnt Hagi Khalfa (VI,
140 n. 12995) und giebt den Anfang an. Doch hat es verschiedene
Schriften über diesen Gegenstand vom medizinischen (zum Theil
superstitiösen) Standpunkt gegeben. Hiernach wird wohl auch
Jesus bei Razi (§ 225, 264) und Ysai (§ 438) der unsere, und
Bynclacan Misy (§ 776) unstreitig der Sohn Hakem's Mesih sein!
   Unsere Quellen sind aber hiermit keineswegs erschöpft; ältere
arabische Aerzte, welche die Pandecten Mesih's benutzten, üben
eine scharfe Kritik darüber; so u. A. Ali ben Abbas in seiner
Vorrede, deren Stelle von Freind (p. 215) irrthümlicher Weise auf
Mesue bezogen werden [40]). Die beiden Berliner HSS. des Originals

---

[39]) Hammer lässt die Jahrzahl 210 weg und lässt Hakem „hundert und fünfund
   sechzig (!) Jahre alt" werden. Das früheste Datum in dem Artikel Abdallah
   Ibn Thahir bei Ibn Khallikan (englische Uebers. II, 52, Hammer III, 88) ist
   der Eintritt in alt Kahira im J. 211 (826). — Isa lässt Hammer (III, 287)
   105 oder 150 J. alt werden.
[40]) Auch an der vorangehenden Stelle über Ahron ist der „*Johannes*" nicht
   Serapion, wie Freund vermuthet, sondern Honein.

(Sprenger 1886, u. Th. I, 1887, die N. 1888 des Catalogs existirt nicht), leider jung und sehr undeutlich geschrieben, geben jedenfalls den Namen deutlich مسيحى und مسح. In der Uebersetzung des Stephanus lautet die Stelle: *Messius autem et ipse in suo libro aaron subsecutus est in pauca rerum naturalium et non naturalium explanatione cum ordine malo et minima disponendi scientia intm (?) ut regulas quibus medicamina conficiuntur in nono* [der Text hat im 19.] *ponens capitulo rebus subsequatur naturalibus postquam* [nach dem Text *postea*] *passiones refert et morbos qui capiti fiunt: aliaque ad hunc modum praeponit postponenda postponitque anteponenda.* Endlich kann es nunmehr keinem Zweifel unterliegen, dass in der Stelle des Ali Ibn Ridhwan, welche bereits oben (S. 366) erwähnt worden, „*Maschiah der Damascener*" und „der Damascener" schlechtweg, nicht Mesue, sondern unser Isa sei, der als christlicher Geistlicher bezeichnet scheint. Doch mag ich auf den Inhalt der Stelle nicht näher eingehen, weil ich eine Münchener HS. vergleichen zu können hoffe.

Ich habe den geduldigen Leser einen langen, aber nicht fruchtlosen Weg geführt. Es hat sich herausgestellt, dass die Araber keinen Johannes, sondern nur einen Isa (Jesus) oder Mesih Damascenus kennen, der ein Zeitgenosse des Honein („Johannitius") war. „Johannes Damascenus" ist eine Schöpfung Constantin's, eine Autorität, auf welche er sich am liebsten beruft, er substituirt diesen Namen für Johannes ben Maseweih im Viaticum u. *de grad.* und bringt ihn und Isaac in das X. Buch der Practica (Pantechni), welches von zusammengesetzten Heilmitteln handelt, und worauf der Vorwurf der rein willkührlichen Umgestaltung am meisten Anwendung findet. Hat Constantin in seinen verschiedenen Schriften angebliche Citate, welche nicht bei Ahmed zu finden sind (da Dugat nur gegen 50 Citate kennt), und woher? Das ist eine weitere Frage, welche wohl nur von Saehkundigen gelöst werden kann, und dabei werden auch die Citate aus Misih und Damascenus im Hawi zu beachten sein. Es wird sich dann herausstellen, ob Johannes Damascenus eine unabsichtliche Confusion oder eine Substitution sei. Von Hrn. Puccinotti erwarten wir aber vor Allem, dass er Freind's, längst *ad acta* gelegtes Urtheil von der Werthlosigkeit der Biographien Ibn Abi

Oseibia's (p. 325) nicht wieder auffrische; der „wahren Geschichte der Medizin" sind morgenländische Sagen und Mährchen viel weniger gefährlich als die Confusion der europäischen Plagiatoren, Uebersetzer und kritiklosen Forscher oder einseitigen Beurtheiler.

Die griechische Uebersetzung des Viaticum soll bis in die Zeit Constantins hinaufreichen. Die rein paläographischen Beweise dafür lassen immer eine gewisse Ausdehnung zu, wie das Puccinotti selbst durch wiederholte Anfragen an Sachkenner recht nahe legt. Als griechische Uebersetzung eines arabischen Werkes steht sie nicht so ganz und gar isolirt, wie Pucc. (p. 324) meint. Man hat Griechisches aus Honein, Razi, Avicenna, u. A., dessen Nachweis hier zu weit führen würde. In den Ephodien geht die Verwandlung der Autoren so weit, dass (I, 14 Lethargie) für Johanna ben Maseweih des Originals (Dugat p. 332), *Joannes Damascenus* des Constantin, geradezu (bei Daremb. p. 66 aus Cod. Par. 2239) $\Delta\alpha\mu\alpha\sigma\kappa\eta\nu\acute{o}\varsigma$, $\iota\omega\acute{\alpha}\nu\nu\eta\varsigma$ $\acute{o}$ $\mu o\nu\alpha\chi o\varsigma$ gesetzt wird, ja sogar Isaac wird in der HS. Meermann (Dar. p. 155) zum Mönch gemacht! [1]) In den Ueberschriften scheinen aber die Abschreiber einander überboten zu haben, Autoren, die im Buche selbst vorkommen, oder auch nicht vorkommen, zum Theil fabelhafte, an die Spitze zu stellen, und dadurch in gewisser Weise auch ihre eigene Jugend zu documentiren. Ich werde mich hier auf sehr wenige, aber solche Beispiele beschränken, welche auch nach einer anderen Seite hin instructiv sind. In der Ueberschrift des Cod. 2241 (Daremb. p. 76) ist $\acute{O}\xi\iota\grave{e}$ $\acute{\upsilon}\iota\acute{o}\varsigma$ $X\alpha\lambda\varphi o\tilde{\upsilon}$ vielleicht eine Zusammenziehung zweier Namen, jedenfalls ist Ibn Chalfon (oder Khalfon) identisch mit dem von Dugat nicht richtig gelesenen „Ibn Halfarn"; die Familie Khalfon ist eine bekannte jüdische, und die Lesart, welche ich bereits vor 12 Jahren (D. M. Ztschr. VIII, 551, *Catalogus l. h. p.* 1123) conjicirte, finde ich in meiner HS. (V, 14 f. 75). — $\Delta\alpha\sigma\iota\psi$ $\acute{\upsilon}\iota\acute{o}\varsigma$ $\acute{I}\rho\alpha\kappa\iota o\upsilon$ ist ohne Zweifel „Asaph Sohn des Berahja", und diese Bezeichnung für den angeblichen Verfasser eines alten hebräischen pseudonymen Werkes, auf welches ich anderswo zurückkomme, ist

---

[1]) Einen Mönch Isak nennt Ibn Nedim, der Verf. des *Fihrist* (s. Deutsch. Morgenl. Zeitschr. XIII, 623); einen christlichen Arzt Isak, der zum Islam überging, erwähnt Ibn Abi Oseibia, bei Hammer IV, 355 n. 2479, um 300 (912): „Verfasser eines grossen medicinischen Werkes im Geiste der Griechen" (vgl. Wüstenfeld S. 139 n. 21); sein Sohn Jahja war Wezir.

von Wichtigkeit. — In *Λέων ὁ Πέρσης* habe ich den Ali ben Abbas (Abbas = Löwe) zu finden geglaubt; *ὁ φιλόπονος Μεσουσέ* vor Serapion und „allen Arabern", ist wahrscheinlich eine Zusammenziehung von Johannes Philoponus, dessen medizinische Schriften in arabischer Uebersetzung erhalten sind und Gegenstand einer künftigen Notiz sein sollen, mit *Misusa* oder Maseweih, obzwar letzterer bereits in Jo. Damascenus verwandelt ist. In *Σεβουρ, Νισεβουρ* kann ich nicht mit Renan die Stadt Nischabur sehen, noch viel weniger mit Pucc. (p. 216) Nicephorus, welches im Arabischen etwa Nikaforus lauten würde. Glücklicher Weise finde ich den, in der Dresdner HS. des Originals fehlenden Namen in meiner hebr. HS. (VI, 8 f. 86 b) wirklich angegeben, u. zw. צאבור‎. Es ist also ohne Zweifel der Christ Sabur (oder Schabur) ben Sahl ben Sabur (st. 2. Dec. oder 31. Nov. 869), Director des Krankenhauses zu Dschondisabur, Verfasser eines officinel gewordenen Antidotarium, eines alphabetischen Werkes über Succedanea und eines dritten über die Nahrungsmittel. Kifti (HS. München f. 79 und 83 b) und Ibn Abi Oseibia haben dem Vater und Sohn Artikel gewidmet, aus welchen Hammer (III, 282, IV, 355), in seiner uncorrecten Weise Mittheilungen macht [42]). Der Vater war aus Khuzistan und sprach den khuzischen Dialect, blieb daher, wenn er mit Johanna ben Maseweih, Dschordschis *(Georgius)* Ibn Bokht-Jeschu, Isa ben el-Hakem, Zakkaria et-Teifuri (ebenfalls Christ) und anderen Aerzten zusammenkam, in dem Ausdrucke, nicht aber in der Heilkunst zurück, worin ihn jedoch al-Abrasch (od. Ebresch) übertraf; er starb einige Monate vor Maamun (also um 833), wie el-Kifti ausdrücklich angiebt, freilich im Widerspruch mit der einleitenden Angabe, dass er „in den Tagen Maamun's und später" als Arzt gedient habe. In einer Krankheit im J. 209 (824/5) machte er ein Testament vor Zeugen, worin er als seine Kinder aufführte: erstens Dschordschis, dessen Mutter [43]) Mirjam, die Tochter des Bokht-Jeschu ben Dschordschis, Schwester des Gabriel war,

---

[42]) Vgl. E. Meyer a. a. O. III, 120. Die Artikel Abdal (auch Fabric. XIII, 19 u. 386; s. zur pseudepigr. Lit. S. 93, Wenrich, *de auct. graec. version.* p. 262), Sabur und Schabur, bei d'Herbelot (I, 14, IV, 13, 108, deutsch. Ausg. 1790) sind dem Hagi Khalfa (I, 143) entnommen. Das dritte Werk bei *Sprenger, de orig. med. arab.* p. 11 und bei Hammer.

[43]) Bei Hammer: „und dessen Mutter" ... u. s. w. zuletzt ganz sinnlos.

zweitens Johanna ben Maseweih, indem er behauptete, die Mütter derselben beschlafen zu haben. Ibn Abi Oseibia (HS. München f. 195) bezeichnet den Sahl gleich zu Anfang als Vater des Sabur ben Sahl, des Verfassers des bekannten Antidotarium, aus welchem, so wie aus anderen Schriften Saburs, jedenfalls eine Unzahl von Citaten bei Razi — und daher bei den s. g. jüngern Serapion und Mesue — stammen. Es kommt hier wieder darauf an, die Namen richtig zu combiniren. Zunächst kommen ausser Sabor und Sabur, die Namen Sabon, Sahar, Sochar, Seber, Seheher, Seher, Sescar, Schear (einige Nachweisungen bei Fabricius 386, 391, 392, 394) in Betracht, welche aus Sabur oder Sahal abzuleiten wären. Ich hebe folgende, bei Fabricius nicht verzeichnete Stellen hervor: Sabur *in lapidario* (XXV, 24 f. 525 c), vgl. in *libro asobrocacisi de lapidibus* (*ib.* 15 f. 518 d) und Libarius (?) in *lib. lapidum* (§ 720); *in Antidot.* (*ib.* 2 f. 304 b unten). Fabric. p. 105 giebt auch Byn Saebur aus VI, 1 an; ich finde das. f. 126 a: *De antidotario antiquo* (vgl. oben S. 388) *hec est descriptio .. secundum sabur.* Es ist aber auch in den Antidotarien von dem König Sabur die Rede, und es frägt sich, ob man wirklich Recepte auf den persischen Herrscher zurückgeführt hat, insofern sie von ihm oder für ihn verfasst sein sollen — wie bekanntlich auch andere berühmte Namen auf diese Weise in den Antidotarien figuriren [44]). — Fabricius (XIII, 386) nennt *Sabor sive Sapor rex Persarum* als citirt in Mesue, Grabadin, in [Ibn] Serapion, Antid. Cap. 17 *et alibi.* Ich finde bei Ibn Serapion nur l. c. f. 78 b: Pillulae „Sabur regis" (die Parallele bei Mesue, Dist. 10 f. 181 d hat gar keinen Namen), — das. Col. c Jacissaba regis medorum, und f. 81 a: Xiraxeg regis medicorum, Letzteres, als Variante unter Jacisseha bei Fabr. p. 250, aus einem Abbreviaturzeichen über *medorum* erklärlich. In der Practica des Mesue (z. B. IV, 8 f. 235 d, V, 3 f. 238 d, VII, 16 f. 282, P. 2, II, 9 f. 267 c) heisst es stets rex Medorum, und II, 4 f. 261 ist das letzte Wort vielleicht durch das nachfolgende *medicamentum* weggefallen; aber die oben erwähnte hebräische Ueber-

---

[44]) Ein König Sapor wird als Astronom zur Zeit Alexanders genannt bei Schahrastani (deutsch v. Haarbrücker II, 187). Sophar, der angebliche Lehrer des Osthanes (Fabricius XII, 758) ist wohl auch nur auf Sapor zurückzuführen.

setzung (Cod. Netter 29 f. 29 b) setzt „König der Aerzte" dafür.
Nun findet man auch „filius Girges rex Medorum (Mesue l. c.
IV, 10 f. 240d) neben Sabor fil. Girges oder Heben Girges
(III, 7 f. 226b, Cap. 23 f. 229c, IV, 3 f. 233d, V, 5 f. 239c, Cap. 8
f. 240b) und Sabor, Girges (P. 2, IV, 4 f. 260c). Diese Zusammensetzung ist mir noch nicht ganz klar. Ist Girges (Georgius) iden-
tisch mit einem aus der Familie Bokhtjeschu (Wüstenfeld § 26 u.
29, Sprenger p. 10, Wenrich p. 12, 25, 30), welcher im Hawi vial-
leicht als „Georgius, Georgonius" vorzukommen scheint (vgl. Fabric.
p. 170)? Ist er verschieden von Gregorius? (Fabr. p. 172, vgl.
Roeper, Lect. Abulfar. p. 33, bei Ibn Abi Oseibia Ende Cap. VI:
Aricurius, Vf. der Pandecten, wahrscheinlich nur aus dem Hawi). —
Bei Ali ben Abbas (Pract. X, 6 f. 296d) erscheint auch des Königs
Kobad („Cabad") Electuarium. — Jedenfalls ist der griechische
Sebur kein anderer als Sabur, und Nisebur vielleicht auch Binse-
bur entstanden. — Aber hier endet wieder nicht unser Quellen-
gebiet für Sahl und Sabur, sondern ein eben so reiches, ja noch
reicheres erschliesst sich in den Citaten unter den Namen Chosi,
oder Chozi, Chuzi, Cus, Chus, Eichus, Elcheis, Elchus,
Elchuz (Fabric. p. 114, 120, 147), Elchy (Hawi § 600), auch
Alcanzi u. s. w., el-Hur bei Andern (s. im Nachtrag). Die Beziehung derselben auf Sahl und Sabur wird sich wohl bei einer
ganz speciellen Untersuchung unwiderleglich begründen lassen. Für
mich genügte der Umstand, dass es im Hawi abwechselnd heisst
dixit und *dixerunt;* ja unmittelbar nacheinander *dixit Elchuzi ..*
dixerunt Chuz (§ 490); es muss also das Patronymium *al-Khusi*
oder *Chuzi* sein, welches sich auf Vater und Sohn bezieht; mir
ist aber kein anderes Gelehrtenpaar dieser Art aus Khusistan bekannt, und die Bezeichnung wird in Beziehung auf Sahl um so
prägnanter, als der Dialect desselben sich wohl auch in seinen
Schriften bemerklich gemacht; ausserdem führte er freilich auch
den Beinamen *Kusidsch* („Dünnbart", nicht „Spitzbart" wie Hammer); doch glaube ich nicht, dass dieser in obigen Namensformen
stecke. Hingegen ist das Citat: *dixit sasinhy: videlicet Chuz*
(§ 529) vielleicht aus „Sahal bin Sabur" zusammengezogen. So
begegnen wir auch hier wieder dem christlichen Gelehrtenkreise zur
Zeit Maamuns, der hauptsächlich in der Form der Pandecten,
der Lehre von Nahrungs- und Heilmitteln in alphabeti-

scher Folge und in Antidotarien die eigentliche arabische Literatur der Heilkunst begründete.

11. *De oculis*, in 30 Capp. Anfang: *Prooemium. Volentes oculorum infirmitatem curare: decet sanorum naturam cognoscere.* Bei Pseudo-Galen (X, 504 Chart.): *Opportet medico oculorum cura habere volentem prius eorum natura ..* (mit starken Ab-
weichungen). Vgl. auch unten n. 13 und Ann. 52.

12. *De stomacho* wird von Freind (s. Pucc. p. 319) gelobt. In der Widmung an *Alfanus* behauptet Constantin, dass ihm kein specielles Buch darüber bekannt geworden. Die Mittel sind hauptsächlich nach *Jo. Damascenus.* Im Hawi des Razi finden sich Citate aus Schriften *de stomacho* von Alexander (z. B. V, 1 f. 102b, 107a *secundum Alex.;* vgl. Zur pseudepigr. Lit. S. 61) u. Johannitius (s. Fabric. XIII, 300, z. B. VI, 1 f. 122c, 125a und eine HS. des Escur. 847,² bei Casiri I, 286). Ibn ol-Dschezzar's Buch s. bei Dugat p. 305 u. s. w.; Jahja Ibn Maseweih soll ein Buch *stomachi repletio* geschrieben haben (Wüstenfeld S. 23 op. 11). — Anderseits wird Constantins Buch irrthümlich dem Isaac beigelegt (*Catal.* p. 1115).

13. *De virtutibus simpl. medicin.* (70 Kap.). Obwohl dieses Schriftchen von den Historikern vernachlässigt worden: so werde ich doch über Inhalt und Anlage desselben wenig zu sagen haben; denn es ist — identisch mit dem anonymen *liber de simplicium medicinarum virtute,* anfang. *cogitanti mihi de simpl. medic. virtutibus, earum que idem operant nomina* [also zugleich *succedanea*] *in unum colligere visum est etc.,* in der Breslauer HS., welche Henschel (*Janus* I, 76, bei Renzi II, 24) beschreibt, ohne das gedruckte Buch zu erkennen, und *de simplicibus medicinis Const.* der Barberina in Rom (bei Pucc. p. 307). Dass Meyer sogar die Existenz eines solchen Buches geläugnet, ist oben (unter 9) erwähnt, und doch weist schon Fabricius (XIII, 125) Citate eines Buches *de simplici medicamine* bei Vincenz von Beauvais (um 1250) nach. Wenig bekannt scheint auch die gedruckte *peroratio* am Schlusse, welche sowohl für die Tendenz und Abfassungszeit des Buches selbst als für anderweitige Untersuchungen von Interesse ist, wesshalb ich sie vollständig hiehersetze:

Hoc itaque opusculum librum virtutum intitulavi: quia in eo medicinarum simplicium virtutes secundum antiquorum ad

calcem sum execulus: et ad unguem explicavi. **Hoc tantum**
recolo, quod medicine actio secundum proprietatem subiecti
frequenter immutatur. *Verumenimvero provectis et intro-*
ductis hunc librum expono; neophitos et introducen-
dos ab eius separans communione. *Sciendum quoque est*
hunc librum virtutum non solum breviario nostro, quem
paulo ante perscripsimus, verum in viatico et passionario:
et pluribus aliis libris non modicam parere [lies *parare?*] *uti-*
litatem. Explicit liber virtutum.

Constantin hat, nach dem Vorworte, auch *sociorum laudanda*
impulsio zur Abfassung bewogen, so wie der angedeutete Mangel
einer betreffenden Schrift: *Legens itaque in* **dinamidiis** *Gal*[eni]
pene ita hunc inveni scriptorem errore et vitio depravatum, ut
potius auctorem quam correctorem exigeret. Diese, so weit ich
sehe, einzige Anführung ist von einiger Bedeutung gegen die Hypothese Renzi's, dass der kurz vor Constantin lebende Salernitaner
Gariopontus der Verfasser sämmtlicher, unter dem Titel *de Dy-*
namidiis jetzt bekannten Schriften sei (s. dagegen Meyer S. 486ff).
Doch werde ich in den Beiträgen zur salernitanischen Literatur
Gelegenheit haben, hierauf zurückzukommen.

Die *virtutes simpl. med.* schliessen sich gewissermaassen dem
Buch *de gradibus* (oben 9) an, indem auch hier in den ersten
Kapiteln (2—17) ein trockenes Verzeichniss der Mittel (Pflanzen,
Samen, Blüthen, Wurzeln u. s. w.) nach den 4 Graden der 4 Grund-
qualitäten gegeben wird. Der **hebraische Uebersetzer** (Anon.
Par. n. 20) und die Abschreiber der Uebersetzung haben beide auf
einander folgen lassen, und der Schreiber des Leydner Codex (Ca-
talog p. 377) setzt sogar zu Ende: *explicitque liber graduum.*
Den Verfasser hat der Hebräer auch hier nicht genannt, und der
Pariser Catalog unter 1171,[2] lässt sogar das Werkchen aus dem
Arabischen übersetzt sein! Ich selbst bin auch erst kürzlich auf
den Ursprung desselben gerathen. Die hebräische Ueberschrift:
„Vollendung der Natur und der Mischung" (oder umgekehrt), ist
in der That, wie ich vermuthet, dem eigentlichen aber zusammen-
gezogenen Anfang: *Virtus medicine est potentia naturalis, qua*
ipsa medicina etc. sunt autem eomplexiones IX etc. entnommen.

Cap. 18 bis 55 enthalten die Gattungen der Mittel (*de laxativis*
— de provocantibus menstrua) und 56—70 der Nahrungsmittel

(*de cibis qui cito digeruntur — de impinguantibus*). Henschel
bemerkt, dass Serapion und Mesue „ähnliche Tabellen oder Cataloge geliefert, doch sind beide hier weder copirt noch benutzt."
Constantin benennt zu Anfang die 3 Kräfte der Mittel durch *com-
plexio, virtus* im engsten Sinne (z. B. *laxativa*) und *operatio*
(z. B. *provocare somnum*); ob diese letzte Unterscheidung bei der
Aufzählung der Klassen festgehalten worden, kann ich nicht beurtheilen. Serapion behandelt im ersten allgemeinen Abschnitt in
strenger Trennung und ausführlich die *virtutes primas (secundas*
und *tertias*); Mesue (über Purgantia) befolgt einen ganz verschiedenen Plan. Näher lag, worauf ich im Leydner Catalog [45]) hinwies,
das Schriftchen *de virtutibus medicinarum et ciborum* des „Albengnefit" (Ibn Wafid), in lateinischer Uebersetzung Gerard's
von Cremona gedruckt. Es sei mir zunächst gestattet, über Autor
und Schrift neue Aufschlüsse zu geben und irrige Angaben zu berichtigen.

Sprengel (II, 388) hat nicht einmal das Zeitalter „Aben-Gnefit's"
genau gekannt, indem er die Nachricht Kifti's (bei Casiri I, 404)
vernachlässigt, in welcher übrigens der Namen, nach HS. München
f. 90, so zu ergänzen ist, wie ihn Hammer (V, 348 n. 4145 =
VII, 497 n. 8073!) und Wüstenfeld (S. 82 n. 141) geben, nemlich Abd or-Rahman ben Muhammed ben Abd-el-Kerim (*sic*) ben
Jahja. Es ergiebt sich aber hieraus die Identität des Ibn Wafid
mit dem Toledaner Abu'l Motharrif (Ibn Abi Oseibia bei Wüst. um-
stellt Abu 'l-Mothaffir), über welchen der Spanier Ibn ol-Abbar
(bei Casiri II, 131) genauere Auskunft giebt, wornach er im J.
389 (999) geboren, Freitag 20. Ramadhan 467 (d. i. 9. Mai 1075,
der aber ein Sonnabend war) gestorben. Diese Identität ist nicht
bloss Morejon (*Hist. bibliogr.* I, 136) entgangen, welcher unter
Ibn Wafid (p. 135) nur die sogleich zu besprechende HS. erwähnt, sondern auch Meyer (S. 248), welcher auch (S. 206) das
irrige Geburtsjahr 287 (nach Ibn Abi Oseibia bei Wüst.) [46]) angiebt,

---

[45]) Ich habe dort irrthümlich angegeben, dass Albengnefit mit den Werken
Constantins gedruckt sei, es muss heissen Mesue's (s. Choulant
S. 370). Ich benutze die Ausg. *Argentor.* 1531, hinter Ibn Botlan's *Tacuini
sanit.*

[46]) Sieben und Neun sind im Arabischen sehr leicht zu verwechseln. Oseibia
citirt als Quelle den toletanischen Richter Said, der um 960 lebte; vgl.

während Hammer den Ibn Wafid „noch im J. 387 (997)" in seinem 73. Jahre dem Hospitale vorstehen lässt! Hingegen erscheint
bei ihm (VI, 479 n. 6011) Abd or-Rahman b. Muhammed „ben
Abd-ol Kebir Jahja ben Waschid (!) [47]) u. s. w. nach einer pariser HS. des Ibn ol-Abbar, combinirt mit Casiri II, 131! Die
HS. 828, 1 des Escurial enthält eine Pharmakopie oder ein Antidotarium (mit einer theoretischen Einleitung?), .deren Titel bei
Casiri (I, 272) *Manductio (ad artem medicam)*, der Verfasser
Ibn Wafid „Valentinus", wesshalb Choulant (Bücherk. S. 370)
an der Identität zweifelt. Es ist nicht unmöglich, dass Ibn Wafid
aus Valencia stammte, wenn Casiri das Wort im Texte selbst gefunden (in der arabischen Note steht es nicht); den Titel hat er
offenbar falsch *Rischad* für *Wisad* gelesen und eben so II, 131
unrichtig *de somno* übersetzt, indem er ohne Zweifel dort wieder
Wisan las, eine den Lexicis unbekannte Form! *Wisad* lasen
nicht nur Ibn ol-Abbar bei Hammer (VI) und Ibn Abi Oseibia,
sondern auch der hebräische Uebersetzer Jehuda ben Salomo Na-
than (1352), welcher dafür *Meraschot ha–Rosch* setzte (HS.
Bislichis 35), jedoch nur aus seinem Original diejenigen Mittel
aufnahm, welche in seiner Gegend bekannt und leicht auffindbar
waren. Diese Uebersetzung zerfällt in 27 Tractate, 1. von den Mit-
teln für Haarwuchs, 27 von Giften und Gegengiften. Auf den
vorangeschickten Index folgt ein alphabetisches Register der Heilmittel. Am Schlusse heisst es ausdrücklich, dass das Werk eine
Anordnung der einfachen Heilmittel nach den Krankheiten der
Glieder sei. Ibn Abi Oseibia unterscheidet ein Buch „der einfachen Heilmittel" von dem Buch des „Kopfkissens", und Casiri
giebt ausdrücklich als Inhalt die Bereitung von Zusammensetzun-
gen an: *Sirupos, Defruta, Bolos, Trochiscos, Catapotia, Collyria,
Electuaria, Olea, Cerota, Emplastra, Clysteria*, also auch ein
specielles Antidotarium. Wie verhält sich zu dem Allem das la-

, Zeitschr. für Mathem. 1866 (Bd. XI.) S. 243; für das Jahr 360 im Texte Wüstenfeld's hat die HS. M. f. 109b mit Worten 460 (1068); vgl. Meyer S. 206.
[47]) Für Wafid. Dergleichen Lesefehler sind bei Hammer etwas ganz Gewöhn-
liches. Im *Catalogus librorum impressor. bibl. Bodl.* (letzte Ausg.) T. I p. 6a
wird irrthümlich der arabische Name الحفيظ ابن in Parenthese gesetzt.
Der Text Ibn Abi Oseibia's hat auch bei Wüst., wie bei Hammer (V): Abd
ol-Kebir, wofür Wüst. Kerim setzt.

teinische Schriftchen? Dass es nur eine Einleitung sei, hat
Meyer (S. 206) richtig erkannt; und in dem Verzeichniss der
Uebersetzungen Gerards (bei *Boncompagni, della vita etc. p.* 6)
heisst es ausdrücklich: *Pars libri abenguefiti medicinarum simplicium et ciborum.* Das Ende lautet: *Inquit Aggregator hujus
libri. Jam praemisi illud, quo fit juvamentum ex cognitione
virtutum Medicinarum et ciborum etc. et nunc in principio
narravi ea. Dico ergo, propterea quod Cibi et Medicinae sunt
multae, convenere Antiqui, praecipue postremi, tuordinarem*
[lies *ut ordinarent?*] *ea secundum literas alphabeti. Et
hoc est ubi incepi. Finis libri etc.* Der Verf. schrieb also
diese Einleitung zu einem alphabetischen Werke über einfache
Heilmittel; ausserdem ordnete er die letzteren nach den Krankheiten — und bestand darin die bessere Anordnung, welche el-Kifti
rühmt [48]). Der Verf. beginnt mit den Worten: *Ex antiquorum
libris hunc librum aggregavi de virtutibus m. et cib., in quo
mentem meam diu fatigavi, et posui eum occupationem meam.*
Man hätte das Recht, hier viel Originelles zu erwarten. Der Verfasser beginnt mit Regeln, wornach die Wirkung der Arzneimittel
zu prüfen sei; Sprengel (II, 388) hält diese Regeln, „auf welche
die arabischen Aerzte so oft drängen," der Mittheilung werth, und
bemerkt unter Ali ben Abbas (S. 416), dass er die Materia me-
dica „nach Aben Guefith's Grundsätzen" bearbeite und ähnliche
Prüfungsregeln angebe, auch den Juden Isaac lässt er (S. 442)
im Geschmack des Abenguefit schreiben. Haeser (I, 245) findet,
dass mehrere jener Regeln „durchaus zu billigen sind"; aber
warum bei ihm noch unter Abenguefit, und nicht unter Ali Ibn
Abbas, der beinahe ein Jahrhundert früher (994) gestorben ist!
Eine Vergleichung des II. Buches der Practica des Pantechni mit
Ibn Wafid lässt kaum einen Zweifel zu, dass Letzterer mittel- oder
unmittelbar aus ersterem geschöpft, aber das logische Netz durchaus nicht verbessert habe. Die 8 Wege, womit Wafid beginnt,
sind bei Ali (Cap. 2) der ersten von 6 Hauptabtheilungen (*expe-
rimentum in corporibus*) untergeordnet, und so kommen dann bei
Wafid „*ex viis iterum . . aliae et sunt istae quinque etc.*"; man

[48]) Nach welchem Werke arbeiteten die beiden Spanier *Avempace* (Ibn Badsche)
und Abu'l Hasan Sufjan? (vor Mitte XII. Jahrh., s. Wüstenfeld S. 94 n: 2,
und Gayangos, *Hist. of the Muh. Dynasties I*, App. p. XVI n. 30).

weiss nicht warum und wie so! Ferner ist (p. 126—7) die Betrachtung der 4 Grade zwischen Geschmack und Geruch eingeschaltet, weil zufällig von Graden des Geschmacks die Rede ist!
Diess führt uns wieder zu Constantin zurück, welcher von diesen Regeln Nichts aufgenommen, an die Stelle derselben den Index der Pflanzen nach Graden gesetzt, im Uebrigen ohne Zweifel
das von ihm selbst übersetzte Buch des Ali benutzt, aber die Capitel 8 — 32 bei Steph. oder 10 — 34 der eigenen auszüglichen
Uebersetzung weiter ausgeführt; bei Ibn Wafid sind es mehr als
40 ungezählte Abtheilungen. Ein jüngerer Spanier, Abu ʿSalt
Omajja (st. 1134), dessen Werkchen über einfache Heilmittel ich
in der hebräischen Uebersetzung des oben erwähnten Jehuda Natan
besitze, verwirft die alphabetische Anordnung und zieht es vor,
die Mittel nach der Wirkung auf Säfte und Glieder in 20 Abschnitten zu behandeln, deren 6. (f. 54 b), die auf den ganzen Körper
wirkenden betreffend, nur 16 von jenen Abtheilungen hat, worunter
„Bazehardiim“ identisch mit „Bezaarim“ bei Abenguefit. Ohne in
weitere Details einzugehen, sei nur noch bemerkt, dass auch die
Dreitheilung des Begriffes *virtus* von Ali ben Abbas herrührt, dessen 1. Kap. man in Stephanus' Uebersetzung lesen muss, wo es
heisst: *dicemus etenim unumquodque medicamen simplicium cuius
complexionis sit* (hier nicht im Sinne der Grade), *cuius vir-
tutis sit, cuique morborum conferat.* Auch in dem Buche *de
oculis* Cap. 14 *De notitia medicinarum habita per sensum et
rationem* werden an die Geschmacksarten die drei *virtutes* und
die Gattungen: *maturitiva ..... doloris mitigativa* angeknüpft.

Diese detaillirte arabische Eintheilung der Heilmittel hat aber
auch durch Constantin auf die Salernitaner eingewirkt, wie man
aus dem Abschnitt *Indicationes variae* des *Regimen Salern.*
(Renzi I, 498, V, 74 Vers 2588 ff.) sehen kann, und den Parallelen
Balzac's (V, 399 ff.), der aber *Jo. a St. Paulo* für den Verf. unseres
„*Cogitanti mihi*“ zu halten scheint (p. 121 n. 10, 126 n. 7).

Die HS. Coll. Merton 219 in Oxford enthält zwischen verschiedenen Schriften Constantins auf Bl. 230 — 31: *Capitula in
genere medicinarum dissolutivarum,* anfangend: *Postquam diximus virtutem simplicis medicine.* Soll das eine Fortsetzung unseres Schriftchens vorstellen, dessen Fragment auf Bl. 252 der HS.
zu lesen ist?

15. *De oblivione* ist nicht auf dem Titelblatt erwähnt, und daher von Fabricius (p. 126) nur nach Vincenz von Beauvais citirt. Das Schriftchen nimmt nur 2½ Spalten ein; beginnt: *Evenit ad nos epistola tua, manifestans quid tibi acciderit de nimia oblivione*, ist also eine Art von Consultation. Citirt werden *Paulus* und *Ribandes*, wohl eine Verstümmelung von *Oribasius?* — Fast möchte ich vermuthen, dass das angebliche Werkchen von Ibn ol-Dschezzar im Pariser Cod. hebr. 1173, 6 über das Vergessen eine Uebersetzung des unsern sei, wenn nicht etwa I, 14 (*de lethargia*) des Viaticum? Vgl. oben.

16. *De remedior. et aegrit. etc.* auch *lib. aureus;* dem Joh. Afflatius vindicirt von Henschel (*Janus* I, 347, bei Renzi II, 59).

17. *De urinis,* 9 kurze Kapitel, anfangend *Urina est aquositas sanguinis, a sanguine, natura hoc faciente separata.* Der Schreiber des Breslauer Codex hat das Inhaltsverzeichniss zu dem des vorangehenden *de febribus* gestellt (Renzi II, 737, der das auf p. 768 wieder vergisst, s. Henschel das. p. 16, 64).

18. *De victus ratione etc.* s. unten N. 29.

19. *De Melancholia*, zwei Bücher. Dass Pucc. (p. 305) dieses Buch irriger Weise mit einer Capitelangabe des Viaticum bei Petr. Diaconus combinire, ist bereits oben bemerkt. Eben so legt Pucc. (p. 319) zu grossen Werth auf die Citate aus dem verlornen Buche des Rufus über Melancholie, welches dem Constantin „zum Führer gedient" (?) und wohl nie in arabischer oder lateinischer Sprache existirt habe (p. 320 vgl. 328): nur aus Constantin allein habe man eine Idee von diesem Buche. Eigentliche Anführungen mit dem Namen Rufus finde ich nicht allzuoft; doch heisst es p. 285 *Invenimus Rufum clarissimum medicum de melancholia fecisse librum, et dixisse multa in prima particula de accidentibus quae melancholici patiuntur etc.*, und gegen Ende (p. 297) *Sufficit de diaeta, et ordine, in melancholica* (so stets), *secundum autoritatem antiquorum, Galeni, Rufi et caeterorum.* Diese *Caeteri* sind freilich nicht genannt, und schon Freind (p. 325) glaubt schliessen zu dürfen, dass das Buch des Rufus dem Constanin noch vorgelegen, *quo quidem opere ita utatur, ut id exscribere videatur.* Es scheint hiernach, dass die wirklich auffallende Unterlassung des unermüdlichen Fabricius eine wohl nicht

verwerfliche Quelle für Rufus den Historikern entzogen habe. Derselbe bemerkt (XIII, 385): *Citatur .. etiam ab Arabibus ut Joanne Mesue, et ab Isaaco Hebraeo;* unter Letzterem wahrscheinlich auch das Viaticum einschliessend, dessen wirklicher Verfasser (bei Dugat p. 326) den Rufus an 5 Stellen anführt. Grade Razi ist von Fabricius übergangen, dessen Hawi den Rufus unzählige Male citirt, und zwar mit einer Nomenclatur von Titeln, welche freilich den kritischen Historiker stutzig machen muss, und wohl am ehesten dahin zu erklären ist, dass Razi eben nicht überall direct aus Uebersetzungen schöpfte und daher einzelne Abschnitte als Bücher citirt. El-Kifti bemerkt am Schlusse des Artikels Rufus (HS. München f. 75^b): „Es sind von ihm viele Werke über Medicin, welche ins Arabische übersetzt wurden, bekannt, erwähnt (d. h. citirt)[49]." Hat el-Kifti noch diese Uebersetzungen selbst gesehen? Ich zweifle sehr; da Wenrich (*de auct. graec. vers. p.* 220 — 25) mehr als 40 Titel aus Ibn Nedim und Ibn Abi Oseibia aufzählt, die dem Fabricius unbekannten stets hervorhebt, aber keine einzige erhaltene Handschrift, keinen einzigen Uebersetzernamen[50]) nachweist, und zuletzt, mit Uebergebung jenes ausdrücklichen Berichtes des Kifti, nur den Leser aus den Citaten Razi's schliessen lässt, dass die meisten Schriften arabisch übersetzt seien. Wie wenn die Bibliographen eben nur die Citate des Razi gesammelt hätten, wie sie es auch sonst gethan zu haben scheinen? Drollig klingt es aber, wenn Wenrich zu dem Urtheil seiner arabischen Quellen über die Schrift *de melancholia* hinzusetzt: *quae sententia et Galeni (de atra bile* C. 1) *testimonio confirmatur!* Dabei führt er selbst einen arabischen Uebersetzer der Schrift Galens auf (p. 253). Die Citate des Razi aus Rufus über Melancholie habe ich zwar nicht gesammelt, aber ich erinnere mich, solche ausser dem ziemlich langen Stücke in dem betreffenden Kapitel (I, 3 f. 7 a ff.) noch an verschiedenen Stellen (z. B. V, 1 f. 101 b) gefunden zu haben. Constantin kann

---

[49]) Ueber die Zeitangabe vgl. Röper l. c. p. 19. Hat man verschiedene Autoren zusammengeschmolzen? Hagi Khalfa V, 62 n. 9971 nennt Rufus „den grossen", ich vermuthe, dass es für *Kebir* heissen muss *khabir,* „der kundige", nemlich in der Medizin, wie es bei el-Kifti zu Anfang des Artikels heisst.

[50]) Honein's *Interpretatio (tefsir)* des Buches: Erhaltung der Gesundheit erwähnt Oseibia unter H., dessen Anmerkungen bei Razi § 754.

also sehr wohl aus arabischen Quellen geschöpft haben, sei es dass letzere vollständige Uebersetzungen vor sich hatten, oder auch nur Citate. Dass sich Constantin u. A. ein Citat über Orpheus aus dem Viaticum geholt, ist oben (Anm. 16) nachgewiesen worden.

Es mögen hier noch einige Schriften über Melancholie namhaft gemacht werden, welche die arabischen Autoren oder Bibliographen kennen. Alexander wird bei Razi (z. B. I, 3 f. 7a, Cap. 5 f. 10a, VI, 1 f. 126a) ausdrücklich *Frodisi* (d. h. von Aphrodisias!) genannt, also der Philosoph als Autor bezeichnet [51]). Unter den Arabern selbst sollen u. A. über Melancholie geschrieben haben: Jahja Ibn Maseweih, Costa (XVIII, 3), Ibn Aschath (st. 970, Wüst. S. 56 § 107 n. 9). — Der neue Pariser Catalog der hebr. HSS. hat unter N. 1173, 8 eine Abhandlung über Melancholie von „Isaac ben Salomo Israeli“, welche sich durch die Anfangsformel als Partikel eines Werkes ausweist; dieselbe passt nicht zu Pantechni Theor. IX, 7. — Das Schriftchen *de melanch. ex Galeno, Rufo etc.* in der Ausg. Chart. X, 496 wäre genauer zu vergleichen.

20. *De coitu.* Pucc. p. 344 bringt für die Echtheit einer HS. das Zeugniss eines Autors aus dem XV. Jahrh.; es giebt ältere HSS. mit Const.'s Namen. In Cod. *Merton* 324,5 ist jedoch ein *de coitu et ejus effectu* angeblich von Alexander, worin Coxe nicht unser gedrucktes Buch erkannte. — Von Alexanders Buch über Fieber wird künftig zu handeln sein.

21. *De animae et spir. discr.* ist, wie ich vermuthe, nur durch eine falsche Lesart in die Werke Constantins gerathen. Der Verf. des arabischen Originals ist Costa ben Luca, den schon die arabischen Biographen als solchen kennen; der lateinische Uebersetzer ist Johannes Hispalensis, und habe ich bereits im *Catal. libr. hebr.* p. 1403 n. 6 bemerkt, dass es bei Hähnel fälschlich dem Constantin beigelegt werde, ohne zu beachten, dass es unter dessen Namen sogar gedruckt sei, freilich ohne das Vorwort, welches sich in der *anonymen* hebr. Uebersetzung befindet, die ich nach Privatmittheilungen des Hrn. Bibliothekars Abbé *Perreau* in Parma aus Codex *De Rossi* 1390 als solche erkenne. Ich bemerke nur noch, dass der pariser Catalog der lateinischen HSS.

---

[51]) Vgl. zur pseudoepigr. Lit. S. 61. Hiernach durfte ich (DM. Zeitschr. XX, 432) nicht die „Melancholie“ für einen irrthümlichen Doppelgänger der „Theologie“ halten.

dasselbe Schriftchen im Index (IV. p. XXXV) auch unter *Consta-bulus (!) fil. Lucae* anführt, ohne die Identität mit Costa ben Luca (p. XXXVI) zu erkennen. — Ein Abschreiber las *Consta* und man conjicirte daraus Constantinus! Ein instructives Beispiel für die Entstehung der *Opera Constantini*. Citate bei Albertus Magnus hat schon Jourdain nachgewiesen. ·

22. *De incantatione.* Auch dieses Buch ist ohne Grund dem Constantin beigelegt (vgl. Pucc. p. 305). Es ist aber eben so wenig von Galen, unter dessen Werken man sich nicht gescheut hat, es abzudrucken, wie manches Andre aus arabischen Quellen — worauf ich das nächste Mal zurückkomme — als etwa von Avicenna, dessen Namen es wieder anderswo führt; s. die unabhängigen Nachweisungen bei W. Rose, *de Arist. p.* 182 (vgl. oben unter n. 9), Renzi I, 62; Zur pseudepigr. Lit. S. 82; Hebr. Bibliogr. 1864 S. 65 A. 8.

23. *De mulier. morbis sive de matrice* ist ebenfalls als Pseudo-Galen (VII, 873) *de Gynecaeis s. de passionibus mulierum* gedruckt. Das „Buch der Mutter über [nach Ansicht von?] Galen", welches der Anon. Par. n. 13 hebräisch übersetzte, wird wohl unser Schriftchen sein?[51]) — Pucc. p. 317 vermuthet, dass Constantin aus Soranus oder Celius Aurelianus geschöpft.

24. *De humana natura, vel de membris principalibus corporis humani*, 20 ungezählte Capitel, 1. *De cerebro: Cerebrum natura frigidum et humidum est.*[52]). P. 320 findet sich ein Capitel *de septem planetis* über den Einfluss der Planeten auf den Embryo. Fabricius (p. 126) giebt irrthümlich bei dieser und den beiden folgenden N. an, dass sie in den *Opp. Const. T. II* gedruckt seien; ferner führt er einen, bei Vincenz von Beauvais citirten *liber de*

---

[51]) Vgl. *de oculis* Cap. 3, 6 (Gal. II, 1); aber entgegengesetzt *Isaac, dinet. univ.* Cap. 43 f. 74 c; vgl. Sprengel II, 443.

[52]) Derselbe Anonymus übersetzt auch (n. 10) ein Buch „des Geheimnisses" über Frauenkrankheiten. In einem anonymen hebr. Werke des XIII. Jahrhunderts, welches ich später genauer schildere, wird eine Schrift Jakob's über die Geheimnisse der Frauen citirt, dessen etwaigen Zusammenhang mit dem *secretis mulierum*, welche Albert. Magnus zugeschrieben werden, ich dahinstellte (pseud. Lit. S. 62); ich habe auch jetzt letzteres nicht zur Hand. Die Araber nennen ein so betiteltes Buch von Galen (Wenrich p. 265). Zu untersuchen wäre die mediceische HS. 22 (Plut. 44), n. VI u. VII, bei Biscioni (p. 425 ed. in 8°°) sehr ungenügend beschrieben.

cerebro an, welchen man wohl mit dem unseren conjiciren darf.
Allein auch dieses Schriftchen ist als Pseudo-Galen *de Compagine membrorum sive de natura humana* gedruckt. Hier und
in n. 23 hat wohl der Doppeltitel die Auffindung der Identität
verhindert.

26. *De elephantia*, anfang.: *Quoniam convenit nobis cognoscere curare morbum qui durus est et prolixus. Igitur opportet
medicum investigare chimorum putredines, quae ex quatuor nascuntur humoribus*; nach kurzer theoretischer Auseinandersetzung
folgen 2 Arten der Cur. Auch dieses Schriftchen combinirt Pucc.
(p. 318) irrthümlich mit einem Abschnitte des Viaticum bei Petr.
Diaconus. — Im Viaticum (VII, 15 oder bei Const. 17), so wie
bei Ali ben Abbas (Theor. VIII, 15 f. 97, c, vgl. *de lepra* Pantegni f. 39, opp. Const. p. 228) wird von Eleph. nur äusserst kurz
gehandelt. — Eine Monographie von Ibn ol-Dschezzar erwähnt
Oseibia (Wüst. n. 20, Dugat p. 305) und vielleicht daher Hagi
Khalfa III, 384 n. 6071. — Balzac (*R.* V, 120, 6) macht Isak
zum Verfasser!

27. „*de animalibus*"; auf dem Titelbl. *de remediorum ex
animalibus materia*. Nachweise über Ausgaben von 1560 u. s. w.
bei Choulant p. 256, welcher schon unter Sextus (p. 220) darauf
hinweist, dass Constantin denselben „sehr benutzt" habe; Renzi
(I, 168) sagt: *ricopiato a parola*, Puccinotti (p. 329) meint, Const.
habe ein solches Buch nie geschrieben, und hier wird er wohl
das Richtige getroffen haben. Das Schriftchen beginnt mit der
Ueberschrift *de taxione* [l. *taxone*] und darunter die Widmung:
*Regi Aegyptiorum Octaviano Augusto salutem etc.. Bestiolam..
quam nos taxonem appellamus etc. Naturalia vero quae hic
autor (sic) scripsit, haec sunt: Adipem taxonis etc.* Dieser ganze
Paragraph fehlt in der Ausg., welche Fabricius (XIII, 395) abdruckt, so dass es eigentlich 35 Kapitel sein müssten. Ateuristus
de medicina ex animalibus wird in der Einl. zu Pseudo-Galen
de simplic. lib. X citirt, u. Fabricius (p. 94) combinirt ihn mit
dem Athuristus etc. des Razi. Von Letzterem selbst ist ein dem
Sextus ähnliches Büchelchen gedruckt: *de proprietatibus membrorum et utilitatibus et nocumentis animalium aggregatus ex dictis
antiquorum* in 56 (oder 60) Abschnitten in lateinischer Uebersetzung (vgl. Choulant p. 343, ich habe vor Augen die Ausg. 1497,

p. 108), aus welcher wohl, nicht aus dem Arabischen, die hebräische eines Anonymus in Cod. Paris 1122, 7 geflossen ist. Collectaneen aus verschiedenen arabischen Autoren (jedoch nach occidentalischen Bearbeitungen) in 45 Cap. über medizinische Anwendung der Thiere enthält die hebr. HS. *Oppenh.* 1139 fol. in Oxford (vgl. *Catal. Lugd. p.* 248); ähnliche griechische Collectaneen beschreibt Daremberg (Not. p. 51 n. 6). Das Verhältniss dieser und ähnlicher Schriften zu den Abschnitten von den Thieren in den Werken über Heilmittel und zur Thiergeschichte harrt noch der besonderen Untersuchung.

28. *De interiorib. membris* s. oben S. 361.

29. *Aphorismi Hippocratis,* N. 35 *Prognostica,* und *de regimine acutorum* (vgl. oben n. 18) nebst Commentar Galens sind unter Constantins Namen in alten Ausgaben der, später s. g. *Articella* gedruckt, wie ich aus Fabricius p. 125 und Choulant (p. 398 f.) ersehe; sie sind auch in sehr vielen HSS. beisammen zu finden und verschiedenartig überschrieben, indem man den Commentar Galens dem Const. beigelegt zu haben scheint[54]). Puccinotti verlangt mit Recht die Untersuchung, ob diese, und andere Uebersetzungen oder Bearbeitungen der Schriften Galens aus arabischen geflossen seien. Um so schwieriger ist es, über die hebräischen zu urtheilen, welche zum Theil direct aus dem Arabischen stammen. So z. B. ergiebt sich jetzt, dass die aus dem Lateinischen — vielleicht des Constantin — gemachte Uebersetzung der Prognostica u. d. T. „*Chidot we-haschgachot*" (Catal. Codd. Lugd. p. 325) dem Anonymus vom J. 1197 — 9 angehöre (Verz. n. 4), aber auch die alphabetische Bearbeitung der Aphorismen u. d. T. *Agur* (das. n. 3, und Cod. 1191, 3), welche in einer, darin isolirten HS. dem Zeitgenossen des Anonymus, Samuel Ibn Tibbon zugeschrieben wird (*Catal. libr. hebr. p.* 2484), so dass man eine arabische Quelle vermuthen musste. Es gehört aber zu diesen, allerdings für die Geschichte von Salerno und Monte Cassino nicht unerheblichen Untersuchungen ein Apparat von Büchern und Handschriften und ein Complex von persönlichen Neigungen und Verhältnissen, welche nichts weniger als alltäglich

[54]) Vgl. den, allerdings nicht genau geordneten Index zu Coxe's *Catalogus Codd. MS. in Collegiis etc.* (Oxonii 1852) unter Constantin, Galen und Hippocrates; eine alte HS. bei Renzi IV, 588.

sind. Ich werde mich auch vorläufig bei den noch übrigen Schriften auf sehr kurze Bemerkungen beschränken.

30. *Tegni.* Ein Buch Techne soll ebenfalls von dem Páris. Anon. (n. 2) übersetzt sein, der hebr. Titel „Versammelnd alle Lager" würde freilich besser zu *Pantechne* passen; aber unter n. 7 erscheint ein *Pantegni,* angeblich von Razi, und der Catalog setzt in Parenthese „Hawi?" Sollte Letzteres nicht ein Missverständniss sein?

31. *Microtegni.* In Cod. *Merton* 219, 13 liest man: *Incipit liber Microtegni qui a quibusdam intitulatur de spermate;* anfangend: *Sperma hominis descendit ex omni,* also identisch mit dem Galen'schen in Cod. Balliol 231, 4, d. h. mit dem s. g. III. Buch, welches den beiden griechischen angehängt ist in ed. Chart. III, 229.

33. *Disput. Platonis etc.* Champerius (bei Fabr. p. 125) will Etwas derart gesehen haben.

34. *De Pulsibus.* Eine anonyme Abhandlung dieses Titels, an einen Johannes gerichtet, enthält Cod. *Mert.* 324,[10] f. 134–6 (p. 128 bei Coxe), anfangend: *Qua te devocione teneam mi,* welche Worte an die Widmung des Buches über die Fieber erinnern.

36. *De experimentis;* schwerlich eine Uebersetzung von Galens *de medicinis experimentatis.* Ich komme auf dieses Buch zurück.

Ein Schriftchen *de saporibus juxta Constantinum* enthält Cod. *Mar. Magd.* 173, 19 (p. 80 Coxe) beginnt: *Licet pluribus et diversis modis de res (?) complexionibus habeatur cognicio;* also verschieden von dem Schriftchen *de saporibus* im Breslauer Codex (Janus I, 77; R. II, 25 vgl. V, 117, 5) und dem Capitel in *de oculis.*

Nachtrag.

Während des Druckes sind mir manche Quellen zugegangen und bekannt geworden, denen hauptsächlich hier in möglichster Kürze einige Andeutungen entnommen sind; Anderes wird unter „Donnolo" folgen:

S. 355 u. 390. Fabr. p. 18 lässt Abi ben Abbas *„Messium sive Messuen .. Magnumque"* nennen; letzteres ist ein gröberer Irrthum. Es heisst von Oribasius: „*Magnus autem eius .. non invenitur liber.*" Ueber *Mesains* war Haller, Bibl. med. pr. I, 341 der Wahrheit nahe.

S. 359. Vgl. Pract. IX, 96 f. 215 *a*: *Ego etiam Constantinus*, und II, 35 (ganz umgearbeitet) f. 133 *b*: Trifera magna *Isaac*. — A. 7: *De regim. sanitatis* des „Johann von Toledo" (1153 ?) in Codd. *Mxon.* 35,[71] (p. 14 *Coxe*), *Askmol.* 1434,[2] (p. 1173 Black), *Paris* 6978,[3], *Berlin* 115 (*R.* V, 129, 21, vgl. 20) beginnt entweder: *Ut dicit Constantinus in Viatico*, oder *Scribitur ab Ysaac in lib. Viat.* Doch ist der Autor unsicher, vielleicht Petrus Hispanus?

S. 361 u. 365. *De gradibus* ist eine Uebersetzung des *Adminiculum* von Ahmed, wovon mir das Original in der hebr. HS. München 116 eben zugeht. Genaueres muss vorbehalten bleiben, hier nur die Bemerkung, dass Const. überall die Pflanzenbeschreibung weggelassen hat. Zu berichtigen ist Sontheimer zu Ibn Beithar II, 726: Ahmed u. s. w. u. 740 Gasar ($\text{غسر}!$).

S. 373. *Tajadun* citirt Ahmed im *Adminiculum* öfter.

S. 376, Z. 17. Fabric. XIII, 22, 23, 46 betrachtet *Abuhabram, Abu Ambran* u. s. w. bei Serapion (und Mesue) als Citate; aber das stets vorangehende *inquit* kennzeichnet die eigene Bemerkung, sonst gewöhnlich *dixit*.

S. 379, Z. 5. „Das Werk", nemlich im Escurial.

S. 380. Mesue's Antidot. arabisch in der hebr. HS. München 254 ist ebenfalls aus dem Lateinischen übersetzt.

S. 385 Anm. Ende: *De elmongeh. Bimm.* so XI, 5 f. 231 *a*.

S. 386. „Mosih" bei Ibn Beithar sehr oft im I. Bd. (z. B. S. 50, 545); S. 261 II, 113, 484: M. Ebn Elhakam, eine überraschende Bestätigung meiner Conjectur. In den Biographien hat Sonth. S. 163 nur Masah und substituirt Isah ben Masah (unter Wiederholung der Fehler Casiri's; vgl. Hammer III, 285 n. 1212 u. Meyer III, 93, ebenfalls zu berichtigen). Wenn „Ebn Masah" im Texte Beithar's steht, so muss es wohl Maseweih heissen, z. B. II, 1: *Rhazes* Ebn M. sagt ..., im Hawi § 425: Bimasuy. Ich hatte Isa b. Massa absichtlich zu nennen vermieden, um nicht in Nebenuntersuchungen zu gerathen.

S. 388. Sontheimer II, 745 (Eldamaschki) setzt Abu Othman (s. oben S. 355), offenbar irrthümlich. Leider giebt S. keine Stellen an. Vgl. noch Adamasca u. Adamasti bei Serap. simpl. 44, 81, 415; vgl. Fabric. XIII, 34, Haller p. 381.

S. 390, Z. 3; vgl. Anazare, ohne Quelle bei Fabr. p. 55? — Zu Jesus vgl. Fabr. p. 253; Haller, I, 613: Hese; Isaie bei Ibn Serap. VII, 17 f. 81 d.

S. 394. Sabud *rex Arabum* (?) bei Arabern häufig, nach Fabr. p. 386; vgl. Sabur ben Saleh bei Haller p. 350. — Seher vielleicht = Esseher *i. e. vigilans* (XVIII, 1 f. 365 c, vigilans Kap. 2 f. 368 c, 3 f. 371 a, II, 2 f. 214 d), der Presbyter Josef genannt *es-Sâhir* (Wüst. S. 38; falsch Hammer IV, 353 n. 2475 = 2477! vgl. Casiri I, 438?).

S. 395, Z. 14. Kobad auch bei Avicenna V, 1 Tr. 1 des Orig.; bei Fabr. p. 306 Kabith und aus Serap. „*antid.* 59 (?)" Kermid. — „König der Aerzte" heisst Hippocrates in dem unterschob. *de esse aegrotorum sec. lunam.*

Das. Z. 18. Haller l. c. I, 360 erklärt Chuzi unrichtig durch *Aethiops*, und möchte es mit Masergeweih in Verbindung bringen. Electarien von الخوزي

hat auch Avic. V, 1 tr. 3; vgl. auch *Sassamham. elhur* bei Razi § 519. Elhur schreibt Sontheimer gewöhnlich, aber in den „Biographien" ist es nicht zu finden. Fabr. p. 47 hat aus Serap. u. Mesue *Alcansi, Alchansi, Alchanzi* (Haller I, 379 aus Avic.), *Alcanzi, Alkanci*, p. 304: *Israelita Alcanzi* ohne Stelle. Es muss überall heissen *Alchauzi*. Die Identität von Chuzi bei Razi § 727 unter Mumia, Alcanzi bei Ser. simpl. 293 und Elhur bei Ibn Beithar II, 538 (wo auch die Uebersetzung zu berichtigen) ist unwiderleglich.

Druck und Verlag von Georg Reimer in Berlin.